乡村振兴理论与实践探索

农地流转与市场有效性

袁士超　王　健　著

中国农业大学出版社
·北京·

内容简介

本书在了解我国农村土地经营权流转市场发育特征的基础上，研究了我国农村土地经营权流转有效市场发育的基本逻辑、要素市场的关联性、农业劳动力、资本等生产要素匹配对农村土地经营权流转的影响以及流转带来的效应，以期加深对我国农村土地经营权流转有效市场发育逻辑的理解，为相关政策制定提供依据。本书对农村土地经营权流转市场有效性进行了评价，并对农地及其他相关要素市场化程度进行测度，验证农村土地经营权流转市场有效性不足现象，进一步研究了农业劳动力和农业资本市场扭曲及空间失衡对农村土地经营权流转效率的影响，然后分析了在农业劳动力市场约束和农业资本市场约束的情况下农户的行为选择，从非农转移出发，沿着农户在农村土地经营权流转过程中选择"非农转移—结构变化—农业分工—要素替代—信贷可得—融资诉求"的脉络进行研究，发现农地市场的有效性依存于农业劳动力市场和农业资本市场的匹配。本书可作为我国农村土地经营权流转市场研究的理论文献，也可作为农村土地经营权流转市场调控政策的参考资料。

图书在版编目(CIP)数据

农地流转与市场有效性/袁士超，王健著. --北京：中国农业大学出版社，2023.12

ISBN 978-7-5655-3144-6

Ⅰ.①农… Ⅱ.①袁… ②王… Ⅲ.①农业用地－土地流转－研究－中国 Ⅳ.①F321.1

中国国家版本馆 CIP 数据核字(2024)第 017773 号

书　　名　农地流转与市场有效性
　　　　　Nongdi Liuzhuan yu Shichang Youxiaoxing

作　　者　袁士超　王　健　著

策划编辑　张　程　　　　责任编辑　石　华

封面设计　李尘工作室

出版发行　中国农业大学出版社

社　　址　北京市海淀区圆明园西路 2 号　　　　邮政编码　100193

电　　话　发行部 010-62733489，1190　　　　读者服务部 010-62732336
　　　　　编辑部 010-62732617，2618　　　　出 版 部 010-62733440

网　　址　http://www.caupress.cn　　　　**E-mail** cbsszs@cau.edu.cn

经　　销　新华书店

印　　刷　河北虎彩印刷有限公司

版　　次　2023 年 12 月第 1 版　　2023 年 12 月第 1 次印刷

规　　格　170 mm×240 mm　　16 开本　　11.75 印张　　198 千字

定　　价　58.00 元

序 一

除了法定配置、基于权利配置等，土地资源配置方式更加普遍的是基于产权的市场化配置，即土地市场交易。作为生产要素进入交易环节的经济关系，土地依然由其收益能力决定或由生产过程投入与产出的关系决定，这与普通商品的经济关系一致，但土地的特殊属性决定了其可作为商品的市场交易关系存在的特殊规律。同时，作为生产要素，土地还往往表现为财产功能和投资手段，这决定了土地交易关系的复杂性和特殊性。对于土地市场来说，作为一种重要的要素市场，它是任何社会市场体系的重要组成部分。由于土地开发与建设过程通常较长，且涉及行业多，它又是一定地区国民经济发展的基础。因此，探索土地市场健康运行的规律，并服务于区域社会经济发展，是一定地区社会经济发展的关键。

土地作为自然资源只提供生产要素功能和建设场地功能，在一定时期、一定阶段能对促进区域经济增长发挥作用，甚至会做出较大贡献。在通常情况下，土地要素投入不可能与区域经济增长永远保持线性关系，即只要增加土地要素投入，经济就一定增长。因为土地是生产要素，只能构成经济增长的“原材料”，而不可能成为经济增长的“发动机”。与经济“增长”相比，经济“健康增长”更加重要。所谓经济健康增长，必须是实体经济的增长(即有“生产性需求”)，而不仅仅是虚拟经济、投资经济的增长；必须是社会总财富的增长，是人民福利的不断改善，而不仅仅是国内生产总值的增加；必须是可持续的增长，是各要素有效利用、均衡配置的增长。

尽管在现实经济生活中，生产要素与普通消费品一样要通过市场交易的买卖关系才能实现其自身的价值，但是两者在买卖结束后所起的作用是不一样的。对于普通消费品来说，买主得到了产品以后就进入了该产品的最后消费环节，通过消费该产品实现其一定程度的满足感。购买生产要素的买主不是把生产要素用来消费的，而是进一步投入生产过程，且生产要素在进入生产过程之前仅仅是可能的生产能力。只有它们在进入生产过程，并与其他生产要素(劳动力、资本)

按照一定比例结合，创造了产品和服务之后，才能变为现实的生产能力。

无论经济学研究，还是经济政策制定，都必须遵循三大生产要素在生产过程中的作用规律。三者之间的相互协作、相互制约、均衡分配是健康经济关系的客观要求，这也是这本书的主要观点。土地在宏观经济体系中的作用不可能被孤立，也不可能毫无缘由地相互联系。土地作为生产要素必然要参与宏观经济体系，而土地开发投资以及在不同经济部门的土地利用都会直接影响宏观经济结构的变化，进而直接影响区域经济发展。土地作为投资要素更与货币金融、财政税收密切相关。从宏观经济来看，虽然不同国家发展途径各不相同，但所有曾经快速发展的国家都有一些共同点，其经济增长和经济发展的基本机制都是相同的，即经济增长主要依靠自然力、劳动力和资本等生产要素在一定技术水平下的有效组合，以实现社会财富的增长。

在城镇化、工业化背景下，农村劳动力的不断流出引致农村土地资源闲置和再配置问题。由家庭联产承包责任制所形成的家庭生产单位难以适应现代市场经济发展的要求。一方面农村劳动力转移导致了家庭生产难以为继；另一方面随着现代市场经济的发展，以家庭为单位的生产无论是生产规模，还是市场应对能力，都难以适应；随着现代技术的发展，农业生产方式不断改变，以家庭为单位的传统农耕无论是资本投入能力，还是现代农业生产技术的掌握能力，都难以适应现代农业生产的要求。由新型农业经营主体取代家庭生产方式既是现代农业发展的客观要求，又是农业、农村发展的必然趋势，如家庭农场、农民合作社、农业经营企业等。

应当注意的是，农村土地的基本功能是生产功能，生产包括粮食、蔬菜等人类生存所必需的基本农产品；同时，农村与农业在市场经济体系中处于劣势地位，由于其行业比较利益低下而无法完全靠市场竞争实现供求平衡，因此农地市场制度的设计必须有利于保护其生产功能的发挥，这是古今中外普遍通行的做法。土地作为生产要素只有投入生产过程才能创造价值，又因只有生产力进步才能决定经济增长，进而只有满足生产性需求的土地投资才能促进经济增长。这一增长的前提是存在生产性需求，否则不可能实现。在宏观经济体系中，土地无论作为生产要素，还是投资手段，都是被动的，其经济关系、供求关系都受到宏观经济状况的影响，背后根本的决定因素是“生产性需求”。

在土地、劳动、资本三要素的分配关系方面，由于土地、资本、劳动需要相互组合，共同创造价值，当两种要素或三种要素以不同的方式进行结合时，分配关系事实上并不相同。过去的研究大多是简单地将三要素分别对待，如果将要素与产权主体衔接，则分配关系和社会结果会出现较大变化，且这种变化往往会影响社会制度。比如，土地被占有后租赁给佃户耕种，与土地由劳动者自己占有，自行耕种(即自耕农)，会产生不同的经济关系和社会关系。

对于农村发展和乡村振兴而言，土地确实是最重要的资源和生产要素，合理利用与发挥农村丰富的土地资源优势必须从农村地区本身的功能和主导产业发展角度进行考虑。农村土地是农业产业发展的基础，土地价格不可能是越高越好，当然也不是越低越好。尤其是耕地作为农业生产的基本要素和重要载体，其流转费用的高低取决于农业生产所能支付的地租水平，在农产品市场价格不可能大幅度上升的背景下，农业生产所能承受的地区水平必然有限。因此必须有序引导农用地流转交易价格处于合理水平，既要防止流转费过低对农民的影响，更要防止流转费过高对农业生产的制约。

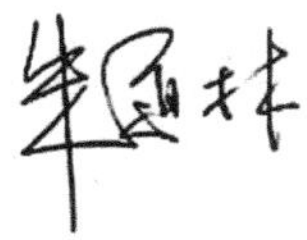

中国农业大学土地科学与技术学院教授

2023 年 9 月 4 日

序　二

在一定程度上讲，农村土地承包权的分配基本解决了农民初始公平问题。放活土地经营权的主要目的是解决土地产出的效率、效益问题。公平与效率始终是伴随我国农村改革发展的重要变量，农村改革也一直在不断变动前进的生产力和生产关系中探索公平与效率两者尽量平衡的农村经济制度，土地使用权配置则是这套农村经济制度中的核心议题，而核心中的核心则是核算单位层次和利益分配机制。

实际上，我们从农村改革发展的初始就一直在关注这个堪称“焦点”的问题。在人民公社时期，当时已经注意到“在分配上，无论在生产队与生产队之间，或者社员与社员之间，都存在着程度不同的平均主义现象”①，因而“三级所有、队为基础”的改革举措主要是明确小队对土地和资产的使用权，纠正“一平二调”②的错误，将“核算单位”下放到了各个小队，主要为解决生产队与生产队之间的平均主义问题。改革开放后，家庭联产承包责任制的实行实际上是将核算单位的层次进一步下放到了农户家庭，解决了户与户、人与人之间的平均主义问题。在解决完生产资料的初始平等问题后，如何应对农村社会变化、提高效益、分配收益成为下一个问题。当时，已经开始认识到自发的市场化机制和提高土地产出效率的重要性。1984 年的中央一号文件《关于 1984 年农村工作的通知》已经提出“鼓励土地逐步向种田能手集中”，但这时的所谓“集中”主要还是指“转包”③，而非土地租赁问题。1993 年的《当前农业和农村经济发展的若干政策措施》进一步提出

① 薄一波，《回忆六十年代初毛主席倡导的调查研究新风》，选自《缅怀毛泽东》，中央文献出版社，1993 年版。

② 即“平均主义”和“无偿调拨”，其要害是否认了人民公社之间，原来各个高级社、生产小队之间的经济差别，否认了按劳分配和等价交换原则，无偿调拨各集体经济组织的生产资料、产品、劳动力和资金，在个人消费品分配上实行绝对平均主义。

③ 《关于 1984 年农村工作的通知》在“鼓励土地逐步向种田能手集中”这一条中详细阐述为：“社员在承包期内，因无力耕种或转营他业而要求不包或少包土地的，可以将土地交给集体统一安排，也可以经集体同意，由社员自找对象协商转包，但不能擅自改变向集体承包合同的内容。转包条件可以根据当地情况，由双方商定。”同时规定：“自留地、承包地均不准买卖，不准出租，不准转作宅基地和其他非农业用地。”

了:“在坚持土地集体所有和不改变土地用途的前提下,经发包方同意,允许土地的使用权依法有偿转让。”《关于1994年农业和农村工作的意见》提出“研究土地使用权依法有偿转让的具体规则”。这个时期,“转让”的概念还不甚清晰,由于法律规定土地所有权是不能转移让渡的,那么转让的到底是“承包经营权”还是“经营权”,对谁转让等都没有说清楚。

1995年的《中共中央、国务院关于做好1995年农业和农村工作的意见》提出了新概念:“要逐步完善土地使用权的流转制度”,“流转”作为一个概念在政策中出现了。因为前面出台过不允许出租的政策,因此这个“流转”最初是为了代替土地出租的概念。1995年出台的《国务院转批农业部〈关于稳定和完善土地承包关系意见〉的通知》就此做出了更为详尽的论述:“农村集体土地承包经营权的流转是家庭联产承包责任制的延续和发展”,“在坚持土地集体所有和不改变土地农业用途的前提下,经发包方同意,允许承包方在承包期内,对承包标的依法转包、转让、互换、入股,其合法权益受法律保护,但严禁擅自将耕地转为非耕地”,并且同时规定:“在承包经营权转让时,必须保护实际耕地者的权益,各地要制定土地承包经营权转让费最高限额。债务人不得以土地抵顶债款。”这实际上有三层意思:一是流转主要是指转包、转让、互换、入股,而这四种流转形式基本都是农村集体经济组织成员内部使用的方式;二是土地承包经营权的转让费用是有额度限制的,不能无上限地上涨;三是土地承包经营权是不能抵押的。从这三层意思可以看出,这时的土地流转主要是对农村集体经济组织内部的,主要解决的也是成员内部的土地不平衡问题,因此相关条件针对农户的实际情况都做出了限制性规定。

2002年版的《中华人民共和国农村土地承包法》单独为“土地承包经营权的流转”写明了“流转”主要是指“转包、出租、互换、转让或者其他方式”,比以前政策的提法多了一个“出租”。需要注意的是,这个阶段是我国社会主义市场经济体制建立成型的时期,2003年10月党的十六届三中全会通过了《中共中央关于完善社会主义市场经济体制若干问题的决定》,该决定提出“更大程度地发挥市场在资源配置中的基础性作用”,农村土地的二次配置和收益分配无疑需要更为市场化的手段和办法。这时候的“土地承包经营权流转”很明显要面向农村集体经济组织成员以外的更加市场化和多元的经营主体,土地流转的需求开始从集体内部成员向集体外部市场主体转移,“流转”的功能从侧重于调节农村集体经济组织成员内部的“公平性安排”开始转向侧重于市场对土地资源的“效益性配置”，此“流转”已经非彼“流转”了。流转的内涵开始变得更加明确，从一定意义上讲，“租赁”成为了流转的主要含义。《中华人民共和国宪法》(2018 年修正)第十条规定：“任何组织或者个人不得侵占、买卖或者以其他形式非法转让土地。土地的使用权可以依照法律的规定转让。”“转让”概念的新含义在 2018 年版的《中华人民共和国农村土地承包法》中得到了最新体现。该版《中华人民共和国农村土地承包法》将“互换、转让”与“出租、入股”进行了区分，同时规定了流转的期限、受让方农业经营能力或资质以及土地经营权再流转的条件，而且允许承包方可以用承包土地的经营权进行融资担保，通过流转取得的土地经营权，经承包方书面同意并向发包方备案，可以向金融机构融资担保。

那这些新规定是为何而来呢？显然，这些规定是传统的、相对封闭的土地承包经营权面向集体经济组织以外市场主体的制度性产物，是农村土地权利走向市场化的重要一步。面对相对陌生的市场经济规则，不仅需要从制度上理顺承包本集体土地后的农户与其他市场化主体的衔接问题，还要应对各种风险。在这种情况下，农村土地的权利集束出现了二次剥离，即将土地的经营权从土地的承包经营权中分离，以参与更加高效的市场配置机制。而这些规定也更多打上了市场需求的烙印，且至少包含两层含义：一层是可行性，从法律上明确农民承包土地可以对外出租，出租的权利是土地的经营权和收益权，从而打开了农村土地权利进入市场的通道和途径；另一层则是限定性，即对农村土地的出租作了非常明确的限定，特别是权利上，出租不能改变土地的所有权和承包权，且经营权的再流转和融资担保都要经过原承包者的同意和知晓。如果说农村土地家庭承包制度的兴起，即承包经营权从土地所有权中第一次分离是自下而上的。如果说是农民自发诉求推动的话，那么这一次经营权从承包经营权中分离，即权利的第二次分离更多的是自外而内的，是市场或者资本推动的产物。由此可以看到，“放活土地经营权”是市场经济不断发展的必然，这是协调好国家公共利益、农民基本土地权利后进一步市场化的权利制度安排。

既然允许农村土地的经营权在市场中各主体间进行转移，那么为什么要对经营权的承接主体资格、再流转和抵押融资进行设限呢？除了前面提到的农地对国家和社会具有公共产品的性质，估计还要从权利本身的逻辑来说明。

一般而言，获得的权利大小和完整度主要由三个维度决定：一是权利的来源；二是获得的代价；三是使用的时限。

从土地经营权的来源看，它显然来源于农民的承包经营权，而承包经营权则来源于土地的集体所有权，集体所有权对土地的承包经营权是有制约权利的。这在《中华人民共和国农村土地承包法》中说得十分清楚，第十四条规定，“发包方享有下列权利：(一)发包本集体所有的或者国家所有依法由本集体使用的农村土地；(二)监督承包方依照承包合同约定的用途合理利用和保护土地；(三)制止承包方损害承包地和农业资源的行为……”。可见，在此基础上权利的再次分离，其权利的完整性必然受到限制。正如城市里的租赁住房，租户取得的只是使用权，在房主不同意的情况下，并没有权利将房屋再次租赁当二房东或将租赁来的房子进行抵押。农村承包土地经营权和这是一个道理。

从土地经营权获得的代价看，它包括两个层次：第一个层次是前置权利的取得代价，即承包经营权是怎么来的。农户对土地的承包经营权是通过村集体发包获得的，并不是通过市场谈判取得的。由于农户本身就是村集体成员，他们不需要支付土地使用的费用。因而，从中剥离的经营权再次通过市场流转本身就自然包含权利溢价。如保障房或限价房，如果一户人家获得的是城市中的保障房或限价房，其上市和价格是有要求和限制的，因为获得该房时所支付的价格是不同的。第二个层次是市场主体与农户通过谈判获得经营权的出价。在市场实践中，获得土地经营权的市场主体主要有两种租金支付方式，即前打租和后打租。前打租就是在使用土地之前支付租金，一般有一年一付、多年一付以及一次性付清，主要是一年一付；后打租即取得经营收入后再给承包者支付租金。一般而言，一年一付与一次性付清获得的土地使用权利显然是应该有区别的。如果一年一付的农户在承包农户不同意的情况下将土地经营权作抵押，这样支付权利和获得的新权利显然是不对等的。

从土地经营权的使用时限来看，土地经营权的使用时限显然取决于前置权利的使用时限，也就是土地承包经营权效力的时限。“耕地的承包期为三十年。草地的承包期为三十年至五十年。林地的承包期为三十年至七十年。”也就是说，土地经营权的流转期限不能超过承包期的剩余期限，这是基于前置权利时间限制的必然性规定。如此看来，尽管市场主体是通过市场化平等协商取得了土地经营权，但其所出的对价明显受到这三个权利维度的制约。

习近平总书记提出：“创新农业经营体系，放活土地经营权，推动土地经营权有序流转，是一项政策性很强的工作。要把握好土地经营权流转、集中、规模经营的度，要与城镇化进程和农村劳动力转移规模相适应，与农业科技进步和生产手段改进程度相适应，与农业社会化服务水平提高相适应，不能片面追求快和大，不能单纯为了追求土地经营规模强制农民流转土地，更不能人为垒大户①。”在资源有限的条件下，需要平衡国家、集体、农户和市场主体之间的利益关系，平衡土地规模经营和其他经济社会发展条件的关系，这必然是一套相对复杂的制度设计。只有这样，才能让农民和市场主体，乃至国家“止于利弊之选，而不会有存亡之虞”。

2023 年 9 月 8 日

① 习近平，《坚持和完善农村基本经营制度》，选自《论坚持全面深化改革》，中央文献出版社，2018 年版，第 74 页。

前言

农村土地经营权流转一方面能够协调农业劳动力与农地要素匹配的矛盾；另一方面能更好地应对农机操作规模的门槛约束，是农业现代化的基本途径。农村土地经营权流转的本质内涵是农业生产要素资源的再配置。

在促进农地规模经营发展的过程中，农村土地经营权流转的积极意义不可否认，但仅通过农村土地经营权流转政策推动农村土地经营权流转市场发育的惯性思维，极易对农业发展政策及其制度设计产生误导，与农村土地经营权流转要实现的农业规模经济也不符合。我们的一个基本判断是农业生产经营效率的评价取决于各种农业生产要素之间的匹配程度，而不是要素的投入规模，这引致了农村土地经营权流转有效市场的发育依赖于农业劳动力、资本的匹配。以我们对云南省寻甸县新型农业经营主体的调研发现为例，农业要素市场是一个农地、劳动力、资本等市场相互联动的交易网络体系，农村土地经营权流转市场的发育离不开其他两个市场的发育，其他两个市场的优化可以带动农村土地经营权流转市场做出相应有效的改进。但是农村土地经营权流转政策聚焦于农村土地经营权流转行为本身，忽视了与其密切相关的农业劳动力、资本市场的发育。

相对于农地要素市场而言，我国农业劳动力和资本市场化配置改革相对滞后。农业劳动力市场和资本市场作为完善农村土地经营权流转市场的重要手段，其对农村土地经营权流转有效市场发育的影响程度如何？具体的作用机制又如何？农村土地经营权流转市场又会对农业劳动力市场和资本市场带来何种反馈？这在农村土地经营权流转有效市场研究中是一个不可忽视的问题。

农村土地经营权流转市场对农村土地经营权流转过程中的当事人、流转方式、流转合同、流转管理进行了详细的规定，增强了农地的市场化交易性。近些年，涉及农村土地经营权流转的研究浩如烟海，这在某种程度上反映出学者们对这一政策的极大的关注，也昭示了农村土地经营权流转在具体的实践过程中面临的问题与挑战何其之多。新型农业经营主体逐渐成为重要的农村土地经营权流转主体，政策为新型农业经营主体流转土地营造了良好的环境。由于实践认知偏差等，政策往往未能与事务发展形成系统性耦合，当前新型农业经营主体仍然在农业经营方面面临着雇用劳动力困难和融资约束等问题。随着农业经营主体的经营规模增大，其土地、劳动力、资本等要素逐渐依靠外源，生产要素的获取渠道主要依靠要素市场。除了土地要素，其他生产要素配置也对新型农业经营主体产生了巨大的影响。

市场配置资源是效率最高的资源配置形式，要素配置效率不断提高的过程本质上就是要素市场不断完善发育的过程。从地方实践可以看出，农业规模经济的实现并非是由农地要素独立决定的，还依赖于农地及相关要素的匹配。农业规模经济的实现不仅涉及农村土地经营权流转行为，还涉及农业分工过程中各种生产要素充分的自由流动，即农地、劳动力、资本的有效组合。

如果忽略农户在农业生产中的要素匹配逻辑，仅仅依靠农村土地经营权流转的政策来激励农户进行规模经营，就很难实现理论上的农村土地经营权流转有效市场，也无法揭示普通小农户转化为新型农业经营主体的逻辑机理，有关研究可能忽略了农村土地经营权流转背后的多要素配置逻辑。农地、劳动力和资本等要素市场都是不可分离的模块。人多地少所导致的农业经营规模小是我国农业最根本的特点，农业生产的其他特点要么是派生的，要么是共生的。人地关系的紧张有其客观现实的原因，也有其不可逆转的原因，但农地经营的细碎化问题必须解决，农村土地经营权流转市场发育动力和有效性不足的问题必须解决。只有解决了这些问题，才能真正实现我国的农业现代化。农村土地经营权流转有效市场的发展和培育是现阶段农业领域的重要任务，也是这本书想要解决的关键问题。农业经济的高质量发展离不开要素的合理配置，如何将农地要素资源的使用效率最大化是当前农业农村领域体制改革的一个重要命题。

我们以农村土地经营权流转有效市场发育为线索，理论建设从要素配置角度阐明在促进农村土地经营权流转有效市场发育，诱致小农户渐变为规模农户的过程中，须与农户的生产需求相匹配，并提供结构性、多元化要素市场协同发育的良好生产环境。从要素配置的视角研究政府公共政策的切入点和政策干预机制，为政府支持农户进入市场、培育农村土地经营权流转有效市场等方面的相关公共管理政策提供理论依据。当前农村土地经营权流转政策的制定正步入“深水区”，但我国的农村土地经营权流转却陷入了内卷化，增速放缓、小农复制等问题突出，深化改革迫在眉睫。确定下一步市场改革方向，需要厘清我国农村土地经营权流转的市场逻辑和农业生产中的要素配置机制，农村土地经营权流转在农业领域改革中被赋予厚望，讨论很多，分歧也很大。

农地市场有效是指农村土地经营权流转市场实现农地要素配置的帕累托最优状态。农地市场的有效性不仅是局限于农地市场制度的完善和交易信息的透明，还是农地要素与劳动力、资本要素的均衡匹配。正是农地要素与劳动力、资本要素的匹配不均衡导致了农村土地经营权流转市场出现内卷化现象，即有效性不足。因此，我们关心的是我国农村土地经营权流转有效市场发育的基本逻辑、要素市场的关联性。在本书中，我们研究了农地作为生产要素与劳动力、资本之间的联动关系。劳动力转移导致农业剩余劳动力呈现“老龄化、妇女化、兼业化”的特征。农业机械化的发展催化了农业分工与要素替代，要素替代的过程实际上是资本对劳动的替代，引致了信贷约束的问题。

对农村土地经营权流转市场有效性进行评价是本书研究试图探索的核心命题。因此我们重点探讨了农地及其他相关要素市场化程度进行测度验证农村土地经营权流转市场有效性不足现象，研究了农业劳动力和农业资本市场扭曲及空间失衡对农村土地经营权流转效率的影响，分析了农户在农业劳动力市场约束和农业资本市场约束的情况下的行为选择，即农村土地经营权流转交易效应从非农转移出发，沿着农户在农村土地经营权流转过程中选择“非农转移—结构变化—农业分工—要素替代—信贷可得—融资诉求”的脉络进行研究，从本书研究中发现，农地市场的有效性依存于农业劳动力市场和农业资本市场的匹配。

农村土地经营权流转问题一直是作者团队深入研究的方向，在本书的编撰过程中，硕士研究生谢梓健为本书的第 7 章“劳动力转移与劳动力结构变化”做了很多重要基础性工作，对此特别表示感谢。本书的农地市场内卷化、农地要素效率损失、农地市场与信贷的研究成果已分别在相关期刊发表。在此也十分感谢相关编辑部及其审稿专家的匿名审稿意见，这些意见对完善本书的理论逻辑起到了重要作用。在研究过程中，我们也发现农村土地经营权流转问题是一个十分复杂的问题，制度设计、要素配置，甚至现实中的人际关系都会对农村土地经营权有效流转产生重大影响，我们未来会在农村土地经营权流转领域和方向继续深耕下去。由于水平有限，本书错误或不足之处在所难免，敬请读者批评指正。

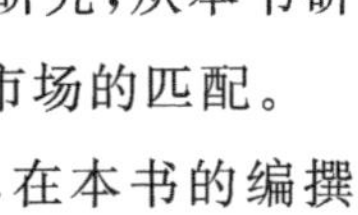

2023 年 10 月

目 录

第1章　寻甸之问

1.1　政策背景

在均田承包制的影响下，我国农业生产和管理模式呈现了一种小规模分散化的格局，引发了许多备受关注的问题。小规模分散化的经营格局一方面引致了因人多地少带来的农户兼业行为，另一方面也制约了现代农业机械化的推进。农村土地经营权流转集中一方面能够协调农业劳动力与农地要素匹配的矛盾，另一方面能更好地应对农机操作规模的门槛约束，是农业现代化的基本途径。推进规模经营，发展现代农业，将是一个渐进的过程，这个进程要与城镇化进程和农村劳动力转移规模相适应，与农业科技进步和生产手段改进程度相适应，与农业社会化服务水平相适应。

发展多种形式的农业规模经营，培育新型农业经营主体，构建现代农业经营体系是当前我国农村发展的重点。以市场化为导向，以专业化为手段，以规模化为基础，以集约化为标志的新型农业经营主体成为农业现代化建设的重要抓手。新型农业经营主体的经营状况是判断农村土地经营权流转市场是否有效的重要体现。2007 年中央一号文件《中共中央　国务院关于积极发展现代农业扎实推进社会主义新农村建设的若干意见》是最早提出培育“现代农业经营主体”的文件，其中指出：“积极发展种养专业大户、农民专业合作组织、龙头企业和集体经济组织等各类适应现代农业发展要求的经营主体。”2013 年中央一号文件《中共中央　国务院关于加快发展现代农业进步增强农村发展活力的若干意见》明确提出了培育新型农业经营主体，建设现代化农业经营体系，此后中央连续出台包含土地流转、财政补贴及人才培育等地、钱、人方面的政策，以要素供给形式促进新型农业经营主体的发展。在土地要素供给方面，引导农地经营权流转，促进土地要素入股质押；在劳动力要素供给方面，注重职业农民管理水平培养，建立全能农业人才；在资本要素方面，以财政补贴为主向多元化资金供给转变。截至

2022 年年底，我国依法登记的农民合作社达 222.9 万家，纳入名录系统的家庭农场 400.4 万个，辐射带动了全国近一半的农户。

在市场经济作用下，以自给自足的小农经济逐渐瓦解，面向市场、以商品生产为主要目的的农业经营主体不断壮大。当前我国农业经营主体面对的要素配置渠道已多元化。按照农业经营主体对生产要素的配置情况，农业经营主体可分为内生式传统型、内生式兼业型、外嵌式结合型和外嵌式发展型(表 1-1)。随着农业经营主体的农业经营规模增大，其土地、劳动力、资本等要素逐渐依靠外源，生产要素的获取渠道主要依靠要素市场。

表 1-1　基于要素配置方式划分的农业经营主体的类型

农业经营主体类型	土地	劳动力	资本
内生式传统型	拥有承包权，直接经营	家庭内部劳动力	家庭内部资本
内生式兼业型	拥有承包权，直接经营或流出部分经营权	既在农业配置，又在非农配置	家庭内部资本
外嵌式结合型	在自己承包土地上直接行使经营权，并通过流转获得经营权	以家庭内部劳动力为主，雇用为辅	以家庭内部资本为主，外部融资为辅
外嵌式发展型	不拥有承包权，通过流转获得经营权	以雇用外部劳动力为主	需求量大，外部融资为主

新型农业经营主体的进入使单一生产要素建立了联结关系，多样化农业经营组织形式是各类要素的现实运作表现。新型农业经营主体无论是家庭农场、农业合作社，还是农业生产经营主体，都以商业生产为主要目的，市场化程度相对较高。其主要表现为生产要素通过要素市场按照市场机制配置，有效对接市场需求，及时进行土地、劳动力、资本等要素的合理调整，提高了农业行业的土地产出率、劳动生产效率和资本利用率。新型农业经营主体的市场化资源配置示范效应和“＋农户”的生产经营方式也极大地促进了小农户生产经营的市场化水平。作为职业化群体，新型农业经营主体的科学文化知识水平较高，具有紧跟政策性资源配置的优势。在农业发展过程中，政府在融资、税收、补贴、奖励等方面向新型农业经营主体的政策倾斜是新型农业经营主体发展壮大的原因。新型农业经营主体具有生产要素组合的技术性优势，农业生产要素在不同的技术组合下会释放不同的生产力动能，现代农业主要依靠农业生产要素的技术性组合方式实现。新型农业经营主体引领小农户将先进的管理方式和现代技术融入农业

生产，用新的生产要素改造传统小农。

规模化生产的新型农业经营主体对农用地需求量大，有效的农地经营权流转市场是新型农业经营主体培育的关键要素。自1984年中央一号文件提出“鼓励土地逐步向种田能手集中”以来，通过农村土地经营权流转实现农地规模经营一直是农业政策的激励方向，政府一直在采取不同程度的流转补贴等政策手段来鼓励农村土地经营权流转市场发育。1988年《中华人民共和国宪法》修订后，在法律层面许可了农村土地流转。2003年《中华人民共和国农村土地承包法》首次从立法角度对农村土地流转制度进行了规定。2016年中共中央办公厅、国务院办公厅印发了《关于完善农村土地所有权承包权经营权分置办法的意见》，推动了农村土地经营权流转市场的繁荣。2021年农业农村部发布了《农村土地经营权流转管理办法》，我国农村土地经营权流转政策的规范性进一步增强。该管理办法对农村土地经营权流转过程中的当事人、流转方式、流转合同、流转管理进行了详细的规定。截至2021年年底，我国家庭承包耕地土地经营权流转总面积达5.57亿亩，占家庭承包经营耕地面积的35.4%，我国已建成农村产权流转交易市场1 000多个，通过农村产权流转交易市场流转农户承包土地经营权交易金额达到了2 200.94亿元。

1.2 寻甸县农地及相关要素市场情况

与家庭经营户相比，新型农业经营主体以市场为导向的生产要素配置优势，有效安排各生产要素资源优化组合，整合农业生产要素向集约化、专业化发展，实现农业生产效率的最优。以新型农业经营主体为案例研究对象，我们可观察到农业生产要素在微观层面的配置组合的有效性。本节以2021年对云南省昆明市寻甸回族彝族自治县(以下简称寻甸县)进行的新型农业生产经营主体调研为主要案例，从微观角度剖析农地及相关要素的市场关联性(本节的案例分析资料来源于作者的实地调研)。作者于2021年暑期在云南省昆明市寻甸县对新型农业经营主体进行了调研，与当地县乡级政府领导、村庄干部、新型农业经营主体进行了深度访谈，收集了大量农业经营及生产要素配置情况。寻甸县位于云南省东北部，昆明市北部，属昆明市郊县，下辖16个乡镇(街道)，常住人口为46.07万人，乡村人口占比达70.66%，山区、半山区面积占87.5%，坝区面积占12.5%。寻甸县一年四季如春，十分适合农作物生长，农作物以水稻、玉米、马铃薯、蔬菜等传统农作物以及中药材、花卉、水果、烤烟等特色经济作物为主。截至2020年年底，寻甸县家庭承包经营耕地面积为141.51万亩，流转面积为65.17万亩，流转比例达46%。从流转形式上看，其主要以出租(转包)和入股为主，其中出租(转包)面积为19.56万亩，入股3 440亩。从流转主体上看，它主要是流转入股的农民专业合作社和农户，分别占比达69.0%和20.4%。表1-2是寻甸县土地流入主体情况。

表1-2　寻甸县农地流入主体情况

流入主体	农户	家庭农场	农民专业合作社	农业企业	其他主体	总计
流转规模/亩	132 928	685	449 636	50 740	17 745	651 734
所占比例/%	20.4	0.1	69.0	7.8	2.7	100

以云南省昆明市寻甸县作为深度调研对象的主要原因：一是寻甸县是一个典型的农业大县，农村土地经营权流转率较高，大量本地或外来的新型农业经营主体以“农业企业＋合作社＋普通农户”的带动模式形成了较大的规模经营，同时新型农业经营主体雇用了大量的本地农业劳动力，当地的新型农业经营主体对生产要素的运用较为高效；二是寻甸县政府在财政资金上对新型农业经营主体给予大力扶持，并在农业基础设施建设上持续投入资金，为引入新型农业经营体创造了良好的条件，提供了较优的农业发展战略；三是调研活动得到了中国共产主义青年团寻甸回族彝族自治县委员会(以下简称共青团寻甸县委)的支持。调研走访了7个乡镇(街道)，共17个新型农业经营主体，访谈经营负责人、当地农户、村集体负责人、乡镇干部等100余人，得到了许多深层次的新型农业主体经营及生产要素配置信息(表1-3)。

表1-3　调研主体情况

乡镇(街道)名称	新型农业经营主体名称	经营内容
金所街道	KS农业开发有限公司	草莓育苗
	JS光伏发电项目	多肉种植
	JS桑蚕养殖专业合作社	桑树种植、桑蚕养殖
	YH科技种植示范基地	花卉种植
仁德街道	XLT生物科技有限公司	牧草种植
	SL社区合作社	蔬菜大棚种植
	FX中药材加工基地	大蒜、核桃、中药材种植

续表 1-3

乡镇(街道)名称	新型农业经营主体名称	经营内容
功山镇	GJ 烤烟示范基地	烤烟、青贮玉米种植
	XS 养殖合作社	功山羊养殖、牧草种植
	SR 果蔬种植有限公司	猕猴桃种植
凤合镇	YMFH 牧场	牧草种植、肉牛养殖
	BL 马铃薯种植有限公司	马铃薯种植
	DJC 合作社	蔬菜种植
倘甸镇	PY 牧业有限公司肉牛养殖场	肉牛养殖、牧草种植
羊街镇	XS 草场合作社	牧草种植
塘子街道	LY 养殖专业合作社	苗家鸡养殖
	YQT 庄园	观光农业

1.2.1 农村土地经营权流转市场

寻甸县农村土地经营权流转已经形成业态，每个乡镇都建立了农村土地经营权流转服务中心，调研的寻甸县新型农业生产经营主体的农村土地经营权流转情况见表 1-4，从中可以发现，寻甸县新型农业生产经营主体大多采用出租流转模式。在流转用途上，大多种植经济作物或发展养殖业，如花卉、中药材等附加值较高的农产品。市场化的农村土地经营权流转有利于新型主体和农户的双方利益维护，但我国的农村土地市场具有行政配置和市场配置的双重性，农地配置常常游离于市场之外，行政力量的强制性时常会造成农村土地价格的扭曲与不合理。由于交易双方信息的不对称性，农村土地经营权流转市场可能会出现交易双方策略性地隐瞒、扭曲信息等机会主义行为，从而给流转中的行为带来不确定性。一般来说，一次性交易中的不确定性较小，而农村土地经营权流转合同签订时间普遍较长，不确定性显著上升。寻甸县地处山地丘陵地区，其经营权流转价格根据当地的地理形态分布，差异较大，其中山地流转价格较低，为 300～500 元/(亩·年)；普通耕地经营权流转价格差距较大，为 800～1 200 元/(亩·年)；集中连片的流转价格更高，为 1 500 元/(亩·年)。其中 KS 农业开发有限公司的流转价格在调研主体中为最高，为 2 000 元/(亩·年)。

表 1-4　新型农业生产经营主体的农村土地经营权流转情况

调研对象	流转规模/亩	流转用途	流转年限/年	流转租金及涨幅/[元/(亩·年)]	流入主体类型	流转模式
KS 农业开发有限公司	500	草莓育苗	20	2 000	企业	出租
XS 草场合作社某农户	360	牧草种植	7	1 200	种植大户	出租
YH 科技种植示范基地	80	花卉种植	—	800	企业	出租
XLT 生物科技有限公司	100	牧草种植	10	300(每 3 年上涨 13%)	企业	出租
SL 社区合作社	5 000	大棚蔬菜种植	不等	1 500(每 3 年上涨 20%)	种植大户	出租
JS 光伏发电项目	230	多肉种植	5	1 250(每年上涨 10%)	企业	出租
PY 牧业有限公司肉牛养殖场	300	260 亩饲草、玉米种植；40 亩养殖肉牛	—	1 500(每 5 年上涨 250)	企业	出租
GJ 烤烟示范基地	2 300	1 600 亩烤烟；700 亩玉米	5	800	合作社	出租
FX 中药材加工基地	1 800	1 000 亩核桃、400 亩玉米、400 亩中草药附子	15	水田 1 200，旱地 800(每 3 年上涨 100～200)	企业	出租
BL 马铃薯种植有限公司	3 000	马铃薯种植	5	平地 1 100，坡地 500	企业	出租
SR 果蔬种植有限公司	3 700	猕猴桃种植	50	400(每年上涨 40)	企业	出租
LY 养殖专业合作社	40	土鸡养殖、饲料作物种植	—	300	合作社	出租

寻甸县的调研发现传统作物种植无法满足资本需求，只有进行作物转型，资本才有利可图。因此，农业生产经营主体的资本目的是转变传统生产方式，通过改变种植、养殖结构来提高收益。在新型农业生产经营主体发展之前，寻甸县的传统农业以小农经营为主，种植作物为玉米、水稻等，种植成本为主要农资投入，每亩投入 800～1 000 元，每亩收益为 1 200～1 500 元，每亩利润为 400～500 元。在

资本“雄心”的推动下，目前新型农业生产经营主体在发展过程中出现多种形式的经营。以当地的特色作物烤烟种植为例，当地较大的烤烟种植产业寻甸县GJ烤烟示范基地共流转土地面积为2 180余亩，流转价格为800元/亩。因烤烟需要与玉米等作物轮作，共种植烤烟1 600余亩，其余种植玉米，其中烤烟亩产量为7 000吨，生产成本为2 000元/亩，每亩产值4 500元，利润可达2 500元/亩左右。同时，目前种植的果蔬、牧草等经济作物的亩均利润可达1 500～2 500元。规模较大的产业根据果实的品相不同，每亩平均可达4万元收入，如猕猴桃种植。从传统小农种植来看，新型农业生产经营主体规模化种植会产生较大的经济利益(表1-5)。

表1-5 新型农业生产经营主体的农产品收益与传统农作物的对比情况

传统农作物	均利润/(元/亩)	新型农业生产经营主体	农作物类型	均利润/(元/亩)
玉米、水稻等	400～500	GJ烤烟示范基地	烤烟	2 500
		SL社区合作社	果蔬	1 500～2 500
		XLT生物科技有限公司	牧草	1 500～2 500
		SR果蔬种植有限公司	猕猴桃	40 000

1.2.2 农业劳动力市场

尽管引入了现代企业管理制度来组织生产方式，寻甸县还是无法摆脱从业的务农标签。在寻甸县调研反馈中，最频繁的信息是“农业雇工的劳动强度大、技术含量低、发展空间狭窄”等。新型农业生产经营主体劳动力需求比较旺盛，有的主体雇工达到400人以上。雇工模式分为长期雇工和短期雇工两种：长期工的工资为2 500～4 000元/月；临时工多以计件工资为主，平均为70～210元/天(表1-6)。这些雇工的人均工资均高于当地县城(甚至是昆明市)工人的工资。为了雇用到合适的工人，生产经营主体的雇工渠道主要是熟人介绍、雇主托本地代理人招工，普通雇工对这些代理人具有很强的依附倾向。通过熟人、代理人雇用是保障能够雇到工人的最佳手段，尤其是在农忙季节。新型农业经营主体为了维护与熟人或代理人的良好关系需要付出一定成本，如日常走动、宴请、节日问候或直接支付费用等。高成本效应的另一个体现是劳动力的老龄化和妇女化，在同等成本下，劳动力的强度较低。寻甸县的一个典型现象为雇工群体主要是农村土地经营权流转后的留守老人、留守妇女。在农业雇工市场上，最具竞争力的劳动力是有着丰富农业生产经验的农民，但是普遍年龄都在50岁以上。调研中的生产经营主体雇用的农业工人的年龄一般为45～60岁。高龄化的工人给主体带来的不仅仅是效率问题，还是工作劳保问题。但是当地主要负责人普遍反映，“雇用高龄工人没得选择，因为劳动力市场上就这些，80后、90后并不愿意从事农业生产经营工作。不管工资多高，年轻人都看不上这个工作，因为这是务农”。

与劳动力通过熟人和代理人来获取不相适应的是，为能够实现更高的农业产业收益增值，新型农业生产经营主体多选择延长生产加工产业链。这就要求农业劳动力工种的需求更多元化，条件也更苛刻。部分企业不仅是雇用获取工人的劳动力，更注重对工人的培训。如调研中的YH科技种植示范基地共流转土地80亩进行花卉种植，雇用本地劳动力从事种植（除草、施肥、防虫、修枝）、采摘花卉、打包运输等工作。雇工较多，平时为50人，忙时增加到70～80人（表1-6），这些雇工均需要进行技术培训。

表1-6　新型农业生产经营主体的雇工情况

调研对象	雇用数量	雇用工资
KS农业开发有限公司	旺季：300～400人； 淡季：60人	长期工：男工为3 700元/月；女工为3 200元/月 短期工：120～130元/天
XS草场合作社某农户	10多个	男工：210元/天；女工：100元/天
YH科技种植示范基地	旺季：70～80人； 淡季：50人左右	技术工：200元/天； 平常工：80～100元/天
XLT生物科技有限公司	8～12个长期工； 30个左右短期工	长期工：基本工资3 000元/月＋提成 短期工：女工为120～140元/天；男工为180～220元/天
SL社区合作社	—	日工：120元/天； 小时工：10元/天
JS光伏发电项目	长期工：30人； 临时工：10～20人	临时工：10～80元/天
PY牧业有限公司肉牛养殖场	4人	4 000元左右/月
FX中药材加工基地	长期工：50～60人； 临时工：40人	男工：150元左右/天； 女工：80～100元/天
BL马铃薯种植有限公司	长期工：32人； 临时工：70～80人	长期工：4 000元/月； 临时工：100元以上/天

续表 1-6

调研对象	雇用数量	雇用工资
SR 果蔬种植有限公司	旺季:110～140 人	男工:110 元/天; 女工:70～80 元/天
LY 养殖专业合作社	5 人	2 500～3 500 元/月

劳动力要素的核心地位使其具有不可替代性,但目前农业劳动力市场的老龄化和妇女化使得新型农业经营主体劳动力要素配置失衡,导致劳动力要素整合脆弱。农户家庭劳动力配置在多个产业会实现家庭财产最大化。当非农工资率高于农业边际效益时,农户便会倾向于外出务工而非从事农业生产。同时,为了规避自然灾害等种植风险,农户不会将家庭劳动力全部配置到农业生产,从而出现了多部门配置的现象。为获取更高的工资,家庭中的青壮年男人会选择外出务工,配置到城镇非农产业,而配置到农业生产部门的劳动力则是中老年劳动力或需要留守的妇女劳动力,更高龄的老人和年龄较小的小孩无法使用劳动力进行生产,则被配置到家庭部门。劳动力要素的多部门配置使得从事农业生产的劳动力要素紧缺且质量低,无法完全满足农村土地经营权流转后的规模化经营。

1.2.3 农业资本市场

城乡之间的要素流动打破了城乡资本壁垒,其资本分割状态的逐渐融合使得现代农业经营中的资本问题逐渐得到解决。在新型农业生产经营主体中,资本来源主要有这几个方面:城市资本下乡、外来人员返乡带入、当地农户自筹和政府扶持项目等。由于现代农业发展前期投入较大,固定设施建设、农资购买、技术学习等均需要花费大量资金,外来主体经常出现由对农业生产经营不熟悉而导致的亏损并跑路的现象,而本村农户通过自有资金或以合作社形式筹备的资金的体量都无法达到经营所需。因此,在新型农业经营发展中,资金来源是掣肘农业向更加现代化模式发展的重要因素,资本要素在新型农业生产配置中显出巨大的不稳定。

新型农业生产经营主体的经营规模一般较大,对前期固定设施建设等的投入较多。从调研中可以看到,生产主体在前期资金投入上,多则投入 6 000 万元,少则投入 300 万元(表 1-7)。然而,与高额投入相比,新型农业生产经营主体的资金来源渠道较窄。新型农业生产经营主体的资金主要源于自有资金,还有一部分资金源于合作入股和政府补贴。为规避风险,并能够享受农业合作社的政策，每个新型农业生产经营主体几乎都采用了合作社的方式与农户合作。这种生产方式既减轻了生产前期的投入，又减轻了对经营主体农业风险的承担。政府补贴是农业生产经营主体谈论最多的问题。补贴到不到位、及不及时往往会影响主体的生存。出于支持农业农村发展的目的，政府对农业生产经营主体的补贴分为两种形式：一种是直接补贴，即以先建后补的方式进行补贴。如FX中药材加工基地的老板在自筹400万元资金搭建农产品加工厂房和购买机械设备后，政府提供100万元资金进行补贴；另一种是间接补贴，即政府通过负责通路、通水、通电等基础设施建设对新型农业生产经营主体进行间接补贴。如以寻甸县KS农业开发有限公司为例，政府为其出资80万元资金用于给水系统的建设，为企业发展提供便利。

表1-7　新型农业生产经营主体的资金投入情况

新型农业生产经营主体名称	经营作物类型	投资金额/万元
KS农业开发有限公司	草莓育苗	4 000～5 000(自有)
XLT生物科技有限公司	牧草种植	300(其中政府补贴50)
JS光伏发电项目	光伏发电+多肉种植	2 380(扶贫资金)
YH科技种植示范基地	花卉种植	320～400(自有)
FX中药材加工基地	中药材种植	400(其中政府补贴100)
BL马铃薯种植有限公司	马铃薯种植	6 000(其中有村委会集体入股140)
SR果蔬种植有限公司	猕猴桃种植	4 800(自有)

对于具有务农优势新型农业生产经营主体来说，他们更倾向于扩大农业生产规模，以期获得更多的利润。一旦超越小规模经营，经营主体们需要面临固定设施投资、土地投资、雇用劳动力、购置农机等各种形式的互补性投资。当现有资金难以满足投入时，我们就需要辅助于金融信贷的资本投入模式，以配合农业经营生产。由于寻甸县农村土地经营权抵押贷款暂未实施、农地的金融性质无法展现，其资本要素金融化实施未果。新型农业生产经营主体的资金获取困难、金融化无法实现导致经营过程中的资金要素整合脆弱。

1.3　农地经营权流转市场有效性不足的隐忧

新型农业经营主体在发展过程中与政策目标并不完全一致。通过对寻甸县的农村土地经营权流转市场、农业劳动力市场、农业资本市场的调研，农业生产经营产生效益、农地及相关要素市场具有关联性，农村土地经营权流转有效市场发育离不开劳动力市场、资本市场，寻甸县农村土地经营权流转后劳动力溢出和回流能成为农业雇工供给主体，雇工种类、形式呈现多样化。但农业雇用从属关系较弱、劳动力中介平台的缺乏会导致新型农业经营存在“无工可雇”和“断层”危机。由于寻甸县农村土地经营权抵押贷款未完全实施，农地的金融性质无法展现，资本要素金融化实施未果。新型农业生产经营主体的资金除政府扶持，强监管渠道信贷获取困难、金融化无法实现，从而导致经营过程中的资本要素整合脆弱。与普通农户相比，寻甸县的新型农业经营主体在生产要素的有效配置上具有优势，他们是带领寻甸县农村经济发展的重要力量。但其资源配置优势的有效发挥还需依赖一个成熟的生产要素市场。不同于传统小农，新型农业经营主体既需要农村土地、劳动力等生产要素，又需要与城市资本、技术、管理等要素相结合，是一种区别于传统小农，又具有现代农业和传统小农特征的农业生产主体。新型农业经营主体激发了农业产业的新动能，离不开农业要素市场的发育，但我国的农村土地经营权流转市场仍然有效性不足。

在农村土地经营权流转价格高涨的背景下，具备较高生产效率的规模农户形成缓慢，且近些年我国农村土地经营权流转率增速明显下降。在促进农地规模经营发展的进程中，农村土地经营权流转的积极意义不可否认，仅通过农村土地经营权流转政策推动农村土地经营权流转市场发育的惯性思维极易对农业发展政策及其制度设计产生误导，也与农村土地经营权流转要实现的农业规模经济不符合。根据寻甸县新型农业经营主体发展情况，我们可以得出一个基本判断：农业生产经营效率的评价取决于各种农业生产要素之间的匹配程度，而不是要素的投入规模。这引致了农村土地经营权流转有效市场的发展依赖于农业劳动力与农业资本市场的匹配。伴随农村土地经营权流转，经营农户需要对投入要素的结构进行转化和调适性匹配。一个典型的情景是农村土地经营权流转后，农民家庭的农业劳动力通常难以满足较大规模农地经营的用工需求，一方面农户可以选择市场雇用劳动力，另一方面考虑到农业劳动力的考核成本、农业用工旺季雇工的高雇用成本及其不确定性，农户可能选择资本替代人工。

农业经营不是单纯的农地运作，而是各种农业生产要素的配置。农业要素市场是一个农地、劳动力、资本等市场相互联动的交易网络体系，农村土地经营权流转市场的发展离不开其他两个市场的发展，其他两个市场的优化可以带动农村土地经营权流转市场做出相应的有效改进。但是农村土地经营权流转政策聚焦于农村土地经营权流转行为本身，忽视了与其密切相关的农业劳动力、资本市场的发育。目前我国农业劳动力和资本市场化配置改革相对滞后。因此，农业劳动力市场和资本市场作为完善农村土地经营权流转市场的重要手段，其对农村土地经营权流转有效市场发育的影响程度如何？具体的作用机制又如何？农村土地经营权流转市场又会对农业劳动力市场和资本市场带来何种反馈，这在农村土地经营权流转有效市场研究中是一个不可忽视的重大问题。

第2章 农地市场综述

自改革开放以来，我国基本完成了产品市场化改革，形成了较为完善的国内市场，但要素市场化改革却相对滞后。在劳动力、资本和土地等传统生产要素中，土地要素市场的滞后性最为明显。要素市场化改革涉及整个社会、经济、政治中最基本的制度安排，它的成功与否在一定程度上决定了我国全面深化改革的进程，但我国农村土地经营权流转在市场化进程中仍面临着诸多问题，这也使农村土地经营权流转市场成为国内外学术研讨的热点。本章首先对研究对象的概念进行界定，然后从土地要素地位、农村土地经营权流转市场内涵与特征、农村土地经营权流转市场效率及交易效应、农村土地经营权流转市场研究方法、农村土地经营权流转市场研究的争议、农村土地经营权流转市场关联的忽视等6个方面对农村土地经营权流转市场研究进行综述，以发现农村土地经营权流转市场研究中的不足与问题。

2.1 土地作为要素的经济分析

2.1.1 古典经济学派

随着时代的改变，土地要素在经济理论中的地位不断发生改变。西奥多·W.舒尔茨曾说："早期经济学家的一个著名观点是'把土地视为经济增长的一个制约因素'。"17世纪中叶出现的古典经济学派十分重视土地的作用，古典经济学家试图建构人类与土地之间的经济学解释，古典经济学基于财富、价值对土地对于人类的意义进行了讨论。重农学派的魁奈认为土地创造了价值，农业生产中的财富的增加应归结为土地自然力的产物。起源于魁奈的《谷物论》，古典学派的经济学家使用"谷物"来代表一切农产品，而谷物就主要来自土地。亚当·斯密在《国富论》中提到了"一国的实际财富，即该国的土地和劳动的年产物"。在大卫·李嘉图看来，经济学中最重要的问题是研究"所有土地产出（通过综合运用劳动、资本从土地获得的一切产品)在土地所有者、资本所有者、从事耕种产业的工人之间分配”,并将古典经济学的研究重点引向分配领域,把土地产出和分配作为影响财富增长的因素。约翰·斯图亚特·穆勒指出:“创造财富,从物质世界中获取人类生存和享乐的方式,不是一种随心所欲的行为,而是有必要条件的”,必要条件之中的自然因素就是土地。

在古典经济学派中,以威廉·配第、亚当·斯密和大卫·李嘉图为代表的经济学家侧重土地单要素对经济的影响,讨论了土地作为稀缺要素如何进行优化配置的问题,主要观点认为土地是财富之母,但土地受到边际报酬递减规律的影响,且供给总量固定,成为制约国民经济增长的关键障碍。有限的土地要素制约经济增长是古典经济增长的传统理论。土地报酬规律递减、地租理论认清了人类与土地之间的关系,相对完整地构建了人类劳动和土地作为自然存在物之间的关系,人类主动施加劳动于土地而获得回报。这一时期的经济学家对土地要素的研究仅停留在土地与人类关系上。

2.1.2 新古典经济学派

19 世纪 70 年代,随着以土地为依靠的农业社会逐渐被以机械为主力的工业社会所取代,经济学领域爆发了“边际革命”,新古典经济学派取代了古典学派,以马歇尔、索洛为代表的经济学家认为资本和技术进步是经济增长的关键,土地与技术、资本之间可以相互替代,土地也可以看作是资本的一种形式,同时技术进步可以解决土地约束问题,并能促进经济增长。在研究中,土地要素在经济增长中的地位逐渐下降。在索洛经济增长模型中,技术进步成为经济增长的主要决定因素,技术进步对经济增长的贡献率已经大大超过劳动力、资本对经济增长的贡献率,这似乎暗示着资源土地和环境不再构成对经济增长和发展的约束。这些关于土地要素的经济学观点在市场经济条件下得到了很好的验证。之后的大多数经济学家在经济增长的研究中受新古典经济学的影响,剔除了土地要素。

新古典经济学派的经济学家把经济学研究重点从国民财富的生产和分配转向了消费领域,强调主观效用价值论。门格尔区分了土地本身与土地利用两个概念,在以主观效用论为基础的消费理论框架内给出了对土地本身和土地利用的新认识。马歇尔的《经济学原理》建立了均衡经济的分析框架,将土地作为生产的四个要素之一,利用边际理论论述了土地肥力、土地报酬递减、土地价值和地租等经济学一般规律。马歇尔遵循门格尔的分析,认为组织的进步使经济行为出现了报酬递增的现象,由于这种递增比例超过了由土地报酬递减引起的下降比例,从而促进了国民财富增值,由此导致后来的经济学家在研究国民财富增长理论时忽略了土地对财富形成和增长的作用。

2.1.3 现代经济增长与发展理论学派

20 世纪 30 年代,凯恩斯以收入决定理论为核心发起了经济学研究的"凯恩斯革命"。20 世纪 70 年代,人类工业化道路上出现的环境污染、资源短缺等问题日益突出,这引起经济学家反思人类经济行为方式,掀起了经济学界对资源环境约束问题的研究热潮。在此基础上,土地经济学、资源经济学等经济学学科得到了长足的发展,戴维·罗默于 2006 年再次将土地纳入现代宏观经济增长模型,清楚地指出"土地的固定供给是人类生产能力的一个强有力的制约因素,不断增加的产出会带来不断增加的环境污染,这会使发展停滞",他还指出,"虽然数百年来科技发展已突破了资源和土地的制约,但资源和土地这些因素必然会对人类生产能力形成严格约束。"现代经济增长理论重新将土地要素纳入内生增长模型,探讨土地要素约束下的经济增长问题。至此,长期被忽视的土地要素再次进入现代经济增长理论的研究视野。

德国农业经济学家布林科曼吸收新古典经济学理论的观点,创立了农业集约化与位置配置理论。该理论对区域经济学和新经济地理学的创立和发展具有启发意义。随着新经济地理学的诞生,经济学家们重新将土地要素置于重要位置。保罗·克鲁格曼、藤田昌久认为土地实际上有着与其他要素不同的特征:一是土地并不是在任何情况下都可以被技术进步替代;二是土地具有独特的空间位置属性,具有区位差异;三是土地要素自身的时空特性会对市场制度和结构产生影响,进而导致要素资源配置效率和经济增长的稳定性发生变化。土地要素的这些特征深刻影响着土地要素市场的发展形态。

综上可以看出,土地要素在经济学中的地位在时代背景的影响下不断演化,古典经济学重视土地要素的稀缺性,而在技术的快速发展下,新古典经济学意识到土地要素的可替代性,更加重视如何在不同用途中配置土地资源,使其达到帕累托最优。随着环境问题的恶化,经济学家重新重视土地要素稀缺条件下的经济增长问题,现代经济增长与发展理论重新重视土地要素在经济增长中的作用。这也说明了在农业领域,农村土地经营权流转市场在农业经济增长方面具有举足轻重的地位。

经济流派时间线如图 2-1 所示。

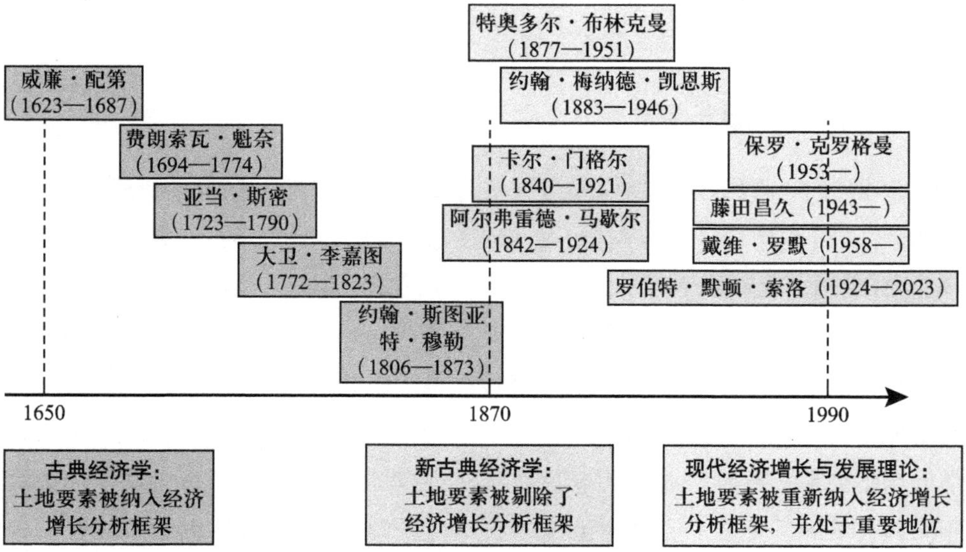

图 2-1 经济流派时间线

2.2 农村土地经营权流转市场内涵与特征

2.2.1 资源配置方式

资源配置方式有两种:计划与市场。传统的计划经济排斥市场机制的作用,否认了商品经济,以计划为核心进行经济活动,通过政府的行政命令来进行资源的配置和再配置,其主要体现在统一规定投入品和产出品的价格,然后按级别统一分配到各企业和产业部门。其优势在于能够集中有限的生产要素来发展重点产业,以利于实现国民经济重大比例关系的合理化,保证国计民生必需品的生产和供应,指令性计划更容易贯彻和执行。新古典经济学认为由于计划价格(或管制价格)具有刚性,不能对供求的较大变动做出灵敏反应,计划价格往往会偏离市场均衡价格,这一偏离会带来短缺或者过剩,引起效率损失。新古典经济学证明了市场制度比政府管制能带来更多的生产者和消费者剩余。但市场往往离不开政府的干预,凯恩斯学派的经济学家倡议政府应该通过实施适当的财政与货币政策积极干预经济,促进就业、价格稳定和经济增长;为了应对经济衰退,政府应该增加其支出或税收,总需求的增加有利于市场的发展。西方发达国家的土地市场是随着资本主义经济的产生和发展而自发形成和发展起来的。土地主要依靠市场配置，当前我国的土地市场则更偏向于计划型市场，存在部分土地交易依靠市场，主要土地交易仍由政府驱动。

2.2.2 市场内涵

现代经济学认为，市场是各类资源要素配置的最重要方式。关于市场的定义，马歇尔将其定义为从事某一特定商品买卖的场所或接触点。保罗·萨缪尔森将市场定义为一种通过把买者和卖者汇集在一起进行商品交换的机制。布鲁斯认为市场是一种资源配置方式或经济运行机制。哈耶克则认为市场是一种社会组织。关于土地市场的定义，美国估价协会也将土地市场定义为它是土地这种特殊商品交易的场所或接触点。Wallace认为土地市场应包括土地、土地权利以及人们对于土地权利的认知能力。新中国成立后，我国的土地资源配置主要是依靠行政手段实现的，20世纪80年代初实行土地有偿使用制度后，市场机制才逐步发挥作用。中国共产党十四届三中全会正式将发展土地要素市场作为培育市场体系的重点。自此，我国许多学者开始探讨土地市场的内涵。周诚认为土地市场是进行土地商品交易所形成的相互关系，朱道林认为土地市场是土地这种特殊商品在流通中发生的关系的总和，刘书楷认为土地市场是土地产权流动中发生的土地供求双方关系以及整个土地产权交易领域。关于我国土地市场的类型，许多学者认为我国的城镇土地一级市场是垄断市场，有些学者认为由于我国对城镇土地一级市场实行垄断，二级市场则完全放开，所以城市土地市场应被定义为垄断竞争市场，而关于农村土地要素市场类型的定义仍属空白。

综上，土地市场的内涵可以被归纳为“土地某项权利的交易，通过交易实现土地某项权利的功能”。农村土地经营权流转实际上是农地要素在各主体之间的重新配置，在市场经济条件下，它既受政府宏观调控政策的影响，又受要素市场发育程度的影响。农地市场包含农村集体建设用地市场和农用地经营权流转市场。本研究的农地市场主要是指农用地经营权流转市场。农村土地经营权流转市场化的本质是农地转让权赋予。农用地是直接或间接为农业生产所利用的土地。农地市场的一般模式可以概括为农地交易活动的构成要素及其相互作用、相互制约的经济关系，是农地市场主体、客体及其运行规则、市场信号与调控体系的总和。现阶段我国的农村土地权属可以分为所有权、承包权和经营权。《中华人民共和国农村土地承包法》规定承包方可以自主决定依法采取出租（转包)、入股或者其他方式向他人流转土地经营权。但承包方受到了严格的限制,不得改变土地所有权的性质和土地的农业用途,不得破坏农业综合生产能力和农业生态环境,流转期限不得超过承包期的剩余期限,受让方须有农业经营能力或者资质,在同等条件下,本集体经济组织成员享有优先权。农地市场是一个受到政府约束的市场,政府主导并推动农地制度变迁,引导并规范农地市场行为,搭建并运营农地市场,这样就自然而然地推动了农村土地经营权流转市场的建设、发育和发展。农地市场的有效性既受到农地市场本身制度的影响,又受到相关要素市场的影响。本研究仅对相关要素市场的影响进行研究,相关要素市场主要包含农业劳动力市场和农业资本市场。

2.2.3 机制特征

关于市场机制特征,不同的学者提出了不同的观点。法国经济学家弗·布鲁斯在《社会主义经济的运行问题》中提到了市场机制特征体现在四个方面:一是需求方的购买行为完全受自己的收入、信用和偏好的制约;二是供给者对生产不同产品的收益差别有权做出独立决策;三是市场上各种产品分别占多大比例的要素资源是由产品价格及其要素比价来决定的;四是市场供求的矛盾由价格变化来反映,并通过影响供给者和需求者的行为来调节。马歇尔认为一般的商品市场具有这些特征:一是在统一市场上,同一时间内对同一商品所支付的价格具有迅速相等的趋势;二是市场在时间和空间上都有局限性;三是各市场之间相互影响较大。罗必良认为市场机制体现在:一是明确而分立的产权;二是独立的行为主体及其分工机制;三是契约精神及信念体系。实际上,完善的农村土地经营权流转市场需要具备价格、竞争、供求和收益分配机制。当前我国农村土地经营权流转市场显然是不具备的,我国的农村土地经营权流转市场集中表现为"关系型市场",并受到严格的管制。在小规模交易中,"零地租"现象频现,农村土地经营权规模化交易又存在溢价现象,这使得农户规模经营在扩大的同时受到土地、资本要素市场的制约。在农村土地经营权流转过程中,当交易对象为亲友或同村农户时,农户更多订立的是口头非正式合约;当交易对象为企业等规模经营主体或外村农户时,农户多采用签订书面正式合约的方式。同时我国农村土地经营权流转市场存在明显的交易成本。农村土地经营权流转市场的缺陷和农户主体效应使农村土地经营权流转面临交易增速放缓、"小农复制"和农业效率作用递减的困境。

2.2.4 空间特征

寻找经济活动空间分布中的决定因素是经济学最核心的问题之一。农村土地经营权流转具有显著的空间收敛特征。农村土地经营权流转的空间格局涉及全国、区域、省域或村级层面的研究。全国尺度的研究发现,农村土地经营权流转南方地区比北方地区,东部地区比西部地区更为活跃。区域尺度的研究表明,农村土地经营权流转具有空间分化特征,如黄淮海平原的农地转入规模呈现由西到东逐渐递增的趋势,转出规模则呈现由西北向东南逐渐递增的趋势,农村土地经营权流转规模在空间上呈正相关。在省域层面,地区间的农村土地经营权流转规模、速度、方式、集聚程度和交易行为存在明显差异。农村土地经营权流转可通过推动实现农业劳动力转移、农业现代化和工业化来形成空间溢出效应,间接促进周边地区经济增长。随着时代发展,农村土地经营权流转的空间分布逐渐由随机转向了集聚,高高集聚区主要由主干道沿线转移至以农业为主的平原街镇,而低低集聚区由不显著转移至城镇化水平较高的街镇。村级层面的农村土地经营权流转分布具有明显的空间集聚特征,农村土地经营权流转存在邻里效应,即邻里距离越近对农户在流转行为、流转契约、价格选择及方式选择上的影响越大。农村土地经营权流转市场的空间特征代表了农村土地经营权流转市场的影响因素可能具有空间效应。

2.3 农村土地经营权流转市场效率与交易效应

2.3.1 市场有效性

广义上的资源配置效率是指社会资源的资源配置效率,是通过整个社会的经济制度安排来实现的;狭义的资源配置效率,即资源使用效率,一般是指生产单位的生产效率,即通过生产单位内部的生产管理和生产技术的改进来实现的。新古典经济学把经济效率的最优状态,即“有效”,称为“帕累托最优”,是指如果把资源配置到某一状态,所有的帕累托改进均不存在,即该状态的任意改变都不可能使至少一个人的状况变好,也没有使任何人的状况变坏,则这种资源配置状态就称为帕累托最优状态。与“有效”对应的词是“扭曲”,它是指对资源配置最优均衡状态的偏离,在这方面,它的含义基本上等同于“市场不完善”的含义。扭曲的成因有两种:一种是内生扭曲,即由市场自身的不完善和不发展造成的扭曲;另一种是政策诱导扭曲,即由政府政策干预造成的扭曲。要素市场扭曲是指市场的不完善和政府的不当干预导致了市场的价格信号失效和配置机制失灵,要素的价格和配置偏离其最优均衡状态,进而产生效率损失现象。要素市场扭曲程度也从这方面反映了要素市场化程度。

美国经济学家 Fama 于 1970 年提出了有效市场理论,他将有效市场分为弱有效市场、半强有效市场和强有效市场。市场有效代表着可以通过价格信号和价格体系就能使要素资源配置达到最优。关于有效市场如何运作,最原始的模型是基础经济学所使用的供给和需求模型。在这种完美市场中,存在很多买方和卖方所销售的产品,它们都是同质性的,价格和数量取决于市场。价格反映了参与者可以获得的信息,价格本身反映在商品的需求和供给的进展中,通过价格机制的调节作用,消费者能满足最大效应,生产者以最低的成本生产最大数量的产品,通过生产和交换的帕累托最优实现瓦尔拉斯一般均衡,全社会的福利达到最大化,这时的资源配置就是最有效率的,此时市场是有效的,因此,价格机制也成为市场有效的评价标准。然而在现实中,完美的市场实际上是不存在的。市场效率是资源配置、信息、制度和行为效率的总和,市场运行机制和经济主体受到资源配置方式、信息、制度、有限理性等多重因素的制约,导致帕累托最优效率的实现不具有现实性。单一的资源配置方式、信息不对称、制度约束、有限理性对市场效率都有弱化作用,存在帕累托改进。因此,通过对资源配置方式的调整、信息的传递、激励机制的设计、制度的创新、有限理性的矫正,市场效率可以得到提高。

农村土地经营权流转市场化的本质是农地转让权赋予。资源配置取决于由要素市场供求决定的要素价格。农地转让权赋予是提高农地资源配置效率的必然要求,要素市场化配置的目标是保障土地产权的可转让性,在不受人为限制和制度约束的情况下实现要素的自由流动,形成统一开放的要素市场,不存在市场壁垒和垄断竞争。由于当前的农村土地经营权流转市场缺乏畅通的市场信息和强制性的规范交易程序,风险相对较高,需要借助"关系媒介"推动交易双方建立信任关系,促进市场交易。与基于情感因素的人际信任不同,基于市场信息或经验的市场信任更加理性和客观。市场的选择机制和激励机制使配置资源最有效率。本研究的农地有效市场是指农村土地经营权流转市场实现了农地要素配置的帕累托最优。

2.3.2 市场交易效应

对农村土地经营权流转市场交易效应的研究主要集中在其“经济效应”，即“资源配置效应”。其本质是各类生产要素配置所产生的各类外部性效应的总和。农村土地经营权流转的经济效应主要体现在两个方面：一方面是农村土地经营权流转市场的建立有利于实现边际产量均衡效应，即提高农业技术效率的交易效应；另一方面是交易收益效应。

1. 边际产量均衡效应

一些学者认为清晰的土地产权结构是促进均衡效应的关键，会促使边际产出小的农户将土地流转给边际产出高的农户，实现边际产出的相对均衡。由于不同农户的资源禀赋结构不同，部分农户的种植技术较高，生产效率较高，农地会向这些具有农业生产技术优势的农户集中。“农业机械化使用程度”“金融支持”“农业人才队伍素质”等因素都会影响边际产量的均衡效应。一些学者认为农村土地经营权流转市场可以使农业生产者调整农业生产规模，有效整合土地，减少土地碎片化，从而提高农业技术效率。农村土地经营权流转市场虽然没有直接带来技术创新，但是促进了新技术的应用。根据诱致性变迁理论，新技术的快速发展将促使资源禀赋中相对稀缺的要素被相对廉价的要素所取代。在劳动力方面，推动农业机械替代人工的机械技术是“劳动节约型”技术，它以资本要素替代劳动力。农业新技术的应用一般投资成本高，资产专用性强，对生产经营规模有特定要求。由于我国独特的国情和土地制度，农民往往是小规模经营。从成本方面考虑，农业机械的利润甚至低于传统的人力和畜力生产。随着市场规模的增加，农民扩大生产经营规模可以在保证产量的基础上显著降低单位土地新技术的应用成本，以实现规模经济，提高农业技术效率。在资本方面，农村土地经营权流转市场的开放提高了农民对农地长期投资的期望。农地的长期投资包括土地改良、排灌设施等。这些投资虽然一次性投入高，但可以产生长期效益，帮助农民提高抵御风险的能力，有效提高农业产量，实现农业技术效率的提高。

2. 交易收益效应

交易收益效应是最早由 Besly 提出的。交易收益效应是指提高土地的交易性水平可以增强土地供需双方的匹配度，同时增加土地投资实现其价值的概率，进一步提高农户对农地投资的积极性。已有的资料主要利用土地产权的完整性来研究农村土地经营权的交易性水平。残缺的农地产权会抑制农户进行农地投资，农村土地确权颁证显著促进了农村土地经营权流转。虽然农地投资资本化是农村土地经营权流转市场交易收益效应存在的基础，但是农村土地确权并不必然促使农户对农地的长期投资。受历史因素的影响，确权并未增加农户对产权的稳定预期，且在劳动力转移的影响下，产权的激励作用被削弱。

2.3.3 农村土地经营权流转市场失灵的原因

要素市场化配置的主要障碍既有由市场垄断行为、资源环境要素外部性导致的内生性扭曲，又包括要素市场双轨运行、区域性和行业性市场壁垒、政策直接干预等政策性扭曲。农村土地经营权流转过程存在衡量经营权价值成本（流转信息搜集包括供求信息、待流转土地价格）、保护权利的成本、监督与实施契约的成本，这些交易成本的存在使农户不愿意进行流转。也有专家认为农业经营净收益低下是农村土地经营权流转市场无法实现有效需求的主要原因。农业比较效益降低导致农村劳动力外流，农地闲置为农村土地经营权流转市场增加了供给。

农村土地经营权流转市场失灵在很大程度上受制于其他要素市场的发展。农地及相关要素市场发育之间具有明显的关联特征，一个生产要素的发育会诱发另一个要素市场的出现，但各省区之间的要素市场化不平衡，匹配程度较低。劳动力转移规模需要达到一定门槛值才会对要素交易产生影响。农业劳动力转移及信贷市场促进了农村土地经营权流转市场的发育，但农业社会化服务市场的发育抑制了农村土地经营权流转市场的形成，同时农村土地经营权市场性交易的深化需要金融、保险等来支撑，但农地特殊性、农业弱质性及农民生计的需要造成了农地抵押权能不足。

如果农村土地经营权流转市场是完全竞争市场，它在理论上决定了农户参与农村土地经营权流转的唯一因素就是农村土地经营权流转价格。有效的价格机制是市场成熟的重要标志。由于农村土地经营权规模化交易过程存在溢价，从农地成本的角度来看，农村土地经营权流转会对农业生产效率产生负面影响。农村土地市场的交易价格往往偏离市场价格，其原因在于农民采用满意原则进行决策。血缘关系和地理位置的社会关系增加了交易价格的偏离程度。交易费用偏高是农地零租金交易的重要原因，同时农业生产外包服务明显带动了经营权交易租金的上涨。也有学者从农户认知角度出发，认为农村土地经营权流转价格机制失效的根源在于交易双方对农村土地经营权的价值评价维度不一致。

政府的介入会使农户对农地的价值评价由农业生产要素的单一维度转向包含生产、就业、财产、情感等因素的多个维度，农户易形成价格幻觉，同时政府行为会放大需求弹性，促使经营权交易价格溢价。自然环境、农地经营的机会成本、工商企业的农地偏好和农产品价格是农村土地经营权流转价格刚性上涨的重要原因。流转交易补贴会使流转产生溢价。对于流转价格的限制政策而言，流转交易补贴可能会降低农业生产效率。同时社会资本的介入会对流转价格产生影响，工商资本下乡直接抬升了农村土地经营权流转价格。农村土地经营权流转市场失灵（价格失灵）的原因可以归纳为农户认知、政府介入、农业生产外包服务和社会资本等。

2.3.4 农村土地经营权流转效率损失的原因

农村土地经营权流转会产生边际均衡效应，以提高农业生产效率。租赁协议的签订有助于农业实现规模经济，转入土地会显著提升土地产出率。农户在农地流入后的农业劳动力生产效率得到明显提高，农村土地经营权流转对劳动生产效率的间接影响是通过农地规模和劳动投入这一中介路径实现的。国外许多学者也得出了类似的结论，农户对于农地租赁市场的参与可以使农地从低产农户向高产农户转移，扩大农地规模有利于增加农机投入数量。出租地对农业投资的负向影响不显著，其农业生产效率并不显著低于自有地。根据对肯尼亚和乌干达的农村土地经营权流转市场的演变及其对农业效率的影响的研究，发现农村土地经营权流转市场通过把土地转让给拥有较高耕作能力的家庭来提高效率，土地市场也通过把土地从土地充裕的家庭转移到土地有限的家庭来提高公平性。在越南的耕地租赁市场发现，耕地租赁交易促进了农业技术效率的提高，租赁市场将耕地从低效的生产者手中转移到了高效的生产者手中。在印度，农用地租赁的限制对生产效率和公平产生了负面影响，农地租赁的限制缩小了有利于贫穷生产者提高效率的租赁交易范围。

一些学者发现农村土地经营权流转会产生效率损失。韩旭东等认为农村土地经营权流转并不能提升农业生产效率，而且对后者具有显著的负向影响。牛星等通过研究发现农地利用效率水平与农村土地经营权流转水平呈反向发展趋势。刘颖等通过研究发现农村土地经营权流转并未明显提高农地资源利用效率。也有学者认为农地资源存在误配，且误配的程度在逐年提高，农户之间的土地流转对农业全要素生产率贡献具有限制作用，存在无效交易。根据规模经济理论，由投入要素的增加所带来的收益增加是有一定限度的，超过临界值，边际收益会下降，规模效率的变化成为农业全要素生产率增长的主要阻碍因素。因此有些学者发现农场规模与农业生产效率之间存在U形关系。Ferreira等通过研究发现巴西亚马孙农场规模与土地利用效率之间存在U形关系。仇焕广等发现经营规模与土地生产效率之间呈现倒U形关系，且自有田块单产显著高于转入地块单产。Zhao等通过研究发现许多县域农业土地利用效率低于全国平均水平，非农就业与农业土地利用效率变化之间存在稳健的U形关系。其实，出现U形关系的根源就在于随着农地经营规模的增大，劳动力、资本、技术等要素与土地要素之间开始出现不匹配。

2.4 农村土地经营权流转市场研究方法

2.4.1 效率的计算方法

依据投入要素种类的多少，生产效率可以分为单要素生产率和全要素生产率。单要素生产率是指衡量某一生产的要素，如劳动生产率、资本生产率、土地生产率等投入产出的比率，着重反映在生产过程中要素的利用程度；全要素生产率是指总产出与所有要素投入量之比，用于测算全部要素投入量的节约程度。当前学术界主要有两种求解全要素生产率、技术进步和技术效率的方法：一种是采用线性规划方法，即DEA模型；另一种是随机前沿分析方法，即SFA模型。由于DEA数据包络分析对异常值非常敏感，结论不能用统计显著性验证，因此第二种方法应用得更为频繁。

2.4.2 效率影响因素的计算方法

生产效率影响因素的模型估计主要有四种：第一种是采用经典方程OLS进行估计，如Carter和Heltberg运用了OLS方程对农户实际投入经营的耕地面积与农业生产效率进行了估计，后来的学者在此基础上引入一些外生变量，控制农户异质性、土地质量差异、耕地细碎化程度等重要特征对农业生产效率的影响，模型估计更加准确。第二种是通过C-D生产函数进行研究，主要是因为该函数具有简单、易分解和经济含义明显的特点。第三种是通过Tobit模型进行估计，这主要是针对效率取值情况(0-1)进行设定，对农村土地经营权流转和农业生产效率进行估计。第四种是通过空间计量模型，结合农村土地经营权流转的空间变化特征，分析农村土地经营权流转与农业生产效率之间的关系。

2.4.3 要素市场化水平测度方法

要素市场化程度的测度主要侧重两个方面：一是市场扭曲程度；二是市场发展程度。与此相对应的分别是生产函数法和市场化指数法。

生产函数法一般用于测度要素市场扭曲程度，是指基于柯布-道格拉斯生产函数的计算方法。要素市场扭曲的研究主要是从垄断的视角，针对我国整个要素市场扭曲及其对经济效率损失的影响，而聚焦农业要素市场扭曲的研究较少。吴松国等研究发现农业劳动力、资本、土地市场的扭曲抑制了全要素生产率的增长，且具有空间溢出效应。朱喜等研究发现要素市场扭曲程度在很大程度上取决于土地经营规模、农民非农就业机会和金融市场。在总体上，利用生产函数法的研究基本未有大的创新，学者们基本都是计算各要素的弹性系数，与理论上的要素占比做比较，计算扭曲程度。市场化指数法主要是测度要素市场发展水平。当前对市场化指数测算获得比较大认可的是樊纲对我国各省（自治区、直辖市）市场化进程相对指数的测算。要素市场化配置水平，或者程度的测算主要针对某一特定要素的市场化程度进行测算，如利率市场化测算、土地市场化测度、金融市场化水平测度、劳动市场化指数和资本市场化程度测定。市场化程度的测度大多采用层次分析法、模型分析法和与空间相关的分析法等作为研究手段，但未成为主流研究方向。其主要原因是不同的学者在研究过程中选择了不同的衡量指标。目前市场化指数测算仍存在较大差异，难以形成统一、权威的评价指标体系。总体来说，研究学者得出的结论认为在农地及相关要素市场发展程度方面，农业劳动力市场＞农村土地经营权流转市场＞农业资本市场。

2.5 农村土地经营权流转市场研究的争议

农村土地经营权流转市场发展研究的争议可归纳总结为三方面：农村土地经营权流转市场是否需要政府干预；我国的农业经营应走什么样的道路；农地规模经营是否真的提高了农业生产效率。这些争议实际上都是要素配置问题。

关于农村土地经营权流转市场是否需要政府干预，在农村土地经营权流转市场化改革中，有效市场与有为政府不可或缺。要素市场化改革的核心是处理好市场和政府的关系。新古典经济学认为政府可以修正"市场失灵"问题。政府干预有助于减少经营权交易价格偏差，提高市场的效率和公平。也有学者认为政府的介入并不能给农户的生计带来显著的改善，甚至有轻微的负效应。地方政府的过度干预会使农村土地经营权流转违背市场运作规律，导致农业生产成本与收益、公平与效率、供给与需求的失衡。由于当前大规模流转交易与流转交易补贴的政策偏好，在政府干预下，部分农户经营规模过大导致错误地认为推动农村土地经营权规模交易可以实现农业规模经营，农户经营能力与规模不匹配导致了效率损失，同时政府主导推动大规模土地经营权交易，形成了以外来资本为主的农业经营主体。其在土地、劳动力、资本等生产要素的竞争性分配中面临着较高的成本压力，利润空间受到压缩，农业经营的风险增大。政府定价对农村土地经营权流转市场的扭曲作用日趋凸显，导致农村土地经营权流转价格偏低，形成"柠檬市场"。究其原因在于政府干预的发力点有偏差，即当前解决农村土地经营权流转市场问题基本从农村土地经营权流转市场自身出发，但忽略了劳动力和资本等农村土地经营权流转配套市场的发展。

关于农业经营应走什么样的道路，一些学者认为应走规模化的道路。其主要观点为劳动力转移是经济社会发展所需要的，应该坚持农村土地经营权流转，走规模化道路。一些学者认为大部分农民无法真正实现劳动力转移，不能在城市获得体面生活，所以应该坚持小农模式。也有学者认为应该发展家庭农场，农民内部出现分化，既存在因劳动力外移而出现农业劳动力不足的问题，也存在农村劳动力回流的现象，家庭农场可以有效解决这一问题。农业经营无论走哪条道路，其目的都是实现要素配置的最优化。适度规模确定的关键在于要素配置。一些学者在是选择土地规模经营，还是选择服务规模经营上存在争议。一些学者推崇土地规模经营，认为土地集中是实现农业规模经营的基础。但有些学者发现土地经营权流转过程存在较高的交易成本，主张应发展服务规模经营。近些年来，一些学者提出了土地规模经营和服务规模经营并重的观点。实际上，两条路是相辅相成、相互促进的，农业经营离不开土地、劳动力和资本等各类要素市场的共同发育。

农地规模经营是否真的提高了农业生产效率，还存在疑虑，虽然主流观点都认为农村土地经营权流转扩大了农地经营规模，提高了农业生产效率。它的主要原因在于农地经营规模扩大可以降低生产亩均成本，有利于提高要素配置效率。一些学者提出了相反的观点，不少研究者在发展中国家的实证研究普遍发现农地生产效率与经营规模呈现“反向关系”。Cornia 通过对 15 个发展中国家的研究，发现小农场的要素投入较高，且土地利用更集约，使得农业经营规模与要素投入和单产呈负相关关系。Sen、Bardhan 等在印度观察到了同样的现象，其原因主要来自农业要素市场的不完善。Klaus 等对印度的农业经营规模与农业生产效率之间“反向关系”的影响进行了实证研究，结果表明随着劳动力市场日趋完善，“反向关系”开始减弱。Wineman 等在坦桑尼亚发现农地规模与生产效率的反向关系会随着农户对农业要素市场的参与而减弱，甚至逆转。也有一些学者发现农地经营规模与农业生产效率之间是非线性的，存在“倒 U 形”关系。这说明了农地规模经营的关键在于农村土地经营权流转相关市场是否完善。

2.6 农地及相关要素市场关联的忽视

一些经济学家从其他角度为农村土地经营权流转效率损失找到了原因，资源配置效率在很大程度上取决于生产要素。索洛认为，经济的增长有两个来源：一是投入生产的要素数量的增长；二是生产要素使用效率的不断提高。当经济增长达到一定水平后，资源的供给将逐渐接近供给的上限，生产要素成本急剧上升。法国经济学家萨伊提出了生产要素的三元论，即土地、劳动力和资本。劳动力创造了工资，资本创造了利息，而土地创造了地租，商品的价值是三者“协同创造”的，一切产品和效用都归因于土地、劳动力和资本。农村土地经营权流转的最终目的是让农业生产经营离不开土地、劳动力、资本的有效配置。在研究佃农制度时，许多学者认为土地、劳动力和资本市场具有关联性，仅依靠土地重新分配与干预市场的改革是无效的，地主和佃户之间可能存在几种交易：土地租赁、劳动雇用、生产、消费信贷和产品的销售等，内含了几个不同市场。瓦尔拉斯认为各种商品和服务的供求数量与价格是相互关联的，一种商品价格和数量的变化会导致其他商品的数量和价格的变化，因此有必要同时研究所有产品、所有市场供求的变化，而不是只研究一种商品、一个市场的供求变化。

从经济学角度分析农村土地经营权流转市场、劳动力市场与资本市场之间的互动关系，其本质是解释由农业要素市场的一般均衡形成的问题。舒尔茨认为，在现代化进程中，农场规模的变化并不是经济增长的源泉，传统农业的改造总是需要引入一种以上的农业新要素，因此传统农业转型的关键问题不在于规模，而在于要素的均衡。农村不完善的劳动力、资本、土地要素市场以及现有的技术发展水平都使农村土地经营权流转效率得不到有效发挥。在要素市场不完善的情况下，农户只能利用要素之间的替代属性，过度投入富裕要素，并对生产的稀缺要素进行调整。此时的农户在生产过程中还没有经济成本的概念，无法追求利润最大化。当前学者主要从单要素市场研究其对农村土地经营权流转市场的影响，即农业劳动力市场对农村土地经营权流转市场的影响和农业资本市场对农村土地经营权流转市场的影响。

对劳动力与农村土地经营权流转的分析，学者们主要集中在非农就业与农村土地经营权之间的关系上。一些学者已经认识到了非农就业对农村土地经营权流转的影响。非农就业通过对劳动力要素的再分配，影响农民的农地资源利用和农业生产经营决策安排。由于农业劳动力的减少、生产机会成本的增加，农民可能会转出土地；农业劳动力充裕的农民倾向于转入农地，扩大农业生产规模。也有一些研究观点认为，非农就业并不一定会促进农村土地经营权流转。我国农村社会仍然具有明显的“乡土性”特征，农民强烈的农地感情和生存理性使农民不轻易流转土地；家庭内部的分工和农业生产外包服务的发展可以充分发挥家庭的合作优势，形成半工半耕的兼业经营模式，即使有非农就业的家庭成员，也不一定参与农村土地经营权流转。关于农业劳动力市场，一些学者们认为面对劳动力成本上涨，农业经营主体往往会选择三种调整策略：一是利用农业机械替代劳动投入，在自我决策下适当增加或减少经营面积；二是选择外出打工赚取收入，对农地选择转出或撂荒；三是改变农业种植结构，选择收益率较高的经济作物来替代收益率较低的粮食作物。其中前两点涉及经营规模调整。农业劳动力市场还存在着雇用的道德风险和监管成本。农业雇工造成的“道德风险”问题会带来较高的劳动力成本，特别是额外的劳动监管成本，如果监管不好，可能会影响农业产量。雇工比例越高，道德风险越大，农业生产效率，或者边际产量就会下降，这在劳动力资源禀赋突出的发展中国家尤其如此。如果在农民的农业经营中存在雇工行为，就需安排家庭劳动力用于监督雇工，这会对其他用途的劳动力配置产生拥挤效应。

在资本与农村土地经营权流转方面，学者主要针对信贷可得性和信贷渠道方面开展研究。在信贷可得性上，信贷配给会降低农业绩效。信贷约束是农户进行农村土地经营权流转的主要限制因素，农业特性会进一步加大信贷约束对农村土地经营权流转的限制作用。信贷资金可得性能够显著促进农村土地使用权的流转。农地金融通过农地承包经营权抵押等多种农地金融方式,推动了农业规模化经营。虽然当前金融机构在开展农业贷款方面进行了一系列改革,我国的农村土地经营权抵押贷款仍处于试点阶段,但其涉农贷款业务仍然排斥小农户,经营规模较大的农户信贷获取能力更高,农地抵押贷款存在融资成本高等问题。已有的一些研究发现小农户对农村土地经营权抵押贷款的响应态度比大农户更积极。在信贷渠道上,学者们普遍得出了强监管渠道的信贷比弱监管渠道的信贷对农户的约束更大。虽然弱监管渠道借贷的数量占比更大,但这是农户融资的被动选择。强监管渠道和弱监管渠道对农户转入农地和转入规模具有显著的正向影响。由于强监管渠道不完善和现行法律的限制,强监管渠道对农户农地转入规模的影响更大。我国农户的强监管渠道的信贷可得性较低,农业资本市场上的信贷配给问题依然严重。一些学者发现信贷可得性对农村土地经营权流转存在异质性。Anjini Kochar 通过对印度的农村土地经营权流转市场研究,发现强监管渠道的信贷约束并不会制约农业生产。Lakhan 等在巴基斯坦发现受到信贷约束的农民比不受信贷约束的农民耕种了更多的土地。阚立娜等通过研究发现不同类型的金融支持对农村土地经营权流转效率的影响程度不同,其中财政补贴的影响系数最大。

综上所述,现有的研究忽视了从生产要素匹配视角研究农村土地经营权有效市场发育逻辑。关于农村土地经营权流转的推动,大多从单因素角度出发,从农村土地经营权流转本身的制度逻辑、劳动力转移、信贷可得性等方面进行分析,国内外学者从生产要素角度对农村土地经营权流转市场发育研究的成果较少,忽略了农民进行农业生产需要应从多种因素进行考量,忽略了多种生产要素互相匹配的理论逻辑,从而导致了农业劳动力市场的缺少和农业资本市场的不完善对农村土地经营权流转市场效率损失的客观判断。

土地要素在经济学分析中具有重要地位。学者针对农村土地经营权流转市场的内涵与特征、市场效率与交易效应,运用定性或定量分析方法进行了细致的研究,但农村土地经营权流转市场研究仍然存在争议,争议的根源在于对农地市场及相关要素市场的忽视。农村土地经营权流转扩大经营面积是我国农户实现规模化经营的一般方式,但这并不意味着农民在规模扩张过程中只需要增加土地要素。农业规模经营是劳动力和资本要素在增加土地要素的基础上共同配置的结果。如果一味地增加土地要素,它就会受到边际产出递减规律的限制和影响。农业生产的三大要素(土地、劳动力和资本)在农户经营规模扩大的过程中都发挥了一定作用，它们之间能否合理配置与有效组合将影响农村土地经营权流转效率及农村土地经营权流转有效市场的发育。从农村土地经营权流转市场的研究成果来看，国内外的相关研究成果颇丰且有所突破，但仍须丰富和拓展。它们主要包含以下几点。

一是以往的研究对农村土地经营权流转市场化水平的测度存在片面和零碎的缺点，大多只选取一两个指标进行表征。由于测度方法和指标不同，测度的结果也不同，这显然没有实际价值，且对农地、劳动力、资本等要素配置的空间效应研究不足。在对农地及相关要素市场化程度测度时，本研究不注重对农地及相关要素市场进行绝对评价，而侧重于相对比较，对现阶段我国农地及相关要素市场化程度进行刻画，比较区域差异。农村土地经营权流转市场化会受到空间集聚水平的影响，空间集聚具有内生性。由于相邻地区地理环境相似，受劳动力和资本要素相互流动等因素的影响，农村土地经营权流转市场会出现相邻地区趋同的现象，农村土地经营权流转不断地突破地理局限，使得农村土地经营权流转市场化产生空间集聚现象。在研究农村土地经营权流转市场化水平的测度、影响因素以及社会经济福利效应时，考虑空间效应会有效减少估算误差，在宏观层面分析农业劳动力市场和农业资本市场对农村土地经营权流转市场影响关系时也应重视空间效应。

二是以往对农村土地经营权流转市场化的研究集中于农村土地经营权流转问题，从农地市场自身寻找农村土地经营权流转减速和农村土地经营权流转效率受损的原因。农村土地经营权流转的最终目的是农业生产可以经营。而农业生产效率受到土地和其他生产要素的同时制约。如果将视角局限于完善农村土地经营权流转市场制度，就不能同时保证农业劳动力和农业资本市场与农村土地经营权流转市场的匹配。由农村土地经营权流转市场发育所带来的效率提升可能会被抵消，不利于新型农业经营主体的发展，农村土地经营权流转市场的发育必须考虑多样化要素之间投入的匹配问题。因此本研究在理论阐述和实证分析过程中将依托要素市场关联理论，结合我国农村土地经营权流转的独特情境，探讨和分析农村土地经营权流转有效市场发育关联逻辑，补充既有研究的理论与实证空白。

三是以往的研究注重劳动力转移对农村土地经营权流转的影响，忽略了劳动力转移距离、农业分工对农村土地经营权流转的影响以及农村土地经营权流转引致的要素替代效应。这是因为传统经济学认为农业不可分工，但经过农业实践过程及农业机械发展，农业同样具有分工性。对由土地要素流动引发的信贷效应未引起足够的关注和重视，这也是农业资本市场如此滞后的原因之一。大部分既有研究是基于显性融资需求得出的结论，农户显性融资需求的渠道反映的是由市场约束形成的客观结果，未必能真实反映农户融资诉求，流转对于农户潜在融资需求及融资渠道偏好影响的研究较为单薄。因此本研究将从微观角度分析劳动力转移距离、农业分工对农村土地经营权流转的影响以及农村土地经营权流转引致的要素替代效应，探究信贷可得性对农村土地经营权流转市场发育影响的中介效应，并基于农户潜在融资需求与渠道偏好的视角研究农村土地经营权流转引致的农户融资诉求效应。

第3章 农地市场逻辑

农村土地经营权流转是农户在最大化收益动机下的一种市场交易行为，因此把握农村土地经营权流转有效市场发育，应以农村土地经营权流转市场形成的条件为切入点。本章以农户的农村土地经营权流转行为和农村土地经营权流转市场发育为线索，以企业理论、交易成本理论和一般均衡理论为基础，试图阐明农村土地经营权流转的市场逻辑，由此总结农村土地经营权流转有效市场发育的理论逻辑。

3.1 农村土地经营权流转行为的发生

我国农地经营面临着严重的细碎化问题，激活农村土地经营权流转市场通常被认为有利于增加农地规模。对于农户来说，农村土地经营权流转环境依赖于三个方面：一是在家庭联产承包责任制下，农村土地经营权流转依赖于农村土地经营权流转市场的发育；二是部分农户流入土地，意味着部分农户将减少或退出农地经营，这就出现了农户分化，一部分家庭劳动力参与了非农就业，另一部分有可能选择继续留在农业领域成为其他经营者的雇工；三是农村土地经营权流转需要农户投入要素，如劳动力、资本的结构性转换与匹配。在农户流入土地后，家庭农业劳动力的总量有限，难以满足规模经营的劳动力需求。为了解决这一问题，一方面，农户可能会通过劳动力市场直接雇用来满足；另一方面，基于农业雇工成本的考量，农户可能会寻求资本替代劳动。农村土地经营权流转是资源配置问题，农户参与农村土地经营权流转市场，希望实现农业适度规模经营，虽然表征为农地经营权的流动，但更应重视农户投入要素的匹配。对于那些流入土地的农户来说，流转所隐含的要素匹配问题可能为其农业经营规模扩大带来严重的约束。农户进行农村土地经营权流转，一方面，受到流转市场完善程度的制约，即农村土地经营权交易成本；另一方面，受到农地及其他相关要素自由流动的制约，即农地、劳动力、资本的组合和匹配。

在农村土地“所有权、承包权、经营权”三权分置的制度安排下，盘活农村土地经营权市场存在着广泛的空间。土地均等化导致了农业规模小、分散、效率低。农村土地经营权流转重点发展规模经营，这已成为当前政策的基本命题方向。农村土地经营权流转的逻辑前提是假定农户出现分化，农业经营能力较弱的农户的经营权流转给具有比较优势的农业经营主体不仅有助于提高规模经济，而且可以提高要素配置效率。然而农村土地经营权流转市场面临的问题是：首先，如果农村土地经营权流转仅局限于小农户之间，就只是一种“小农”的翻版，无法达到规模化经营的政策目的。其次，如果农户退出农地经营，经营权就会流转给其他新型经营主体，这可能会导致农业基本经营制度的弱化，从而隐含制度风险。最后，农村土地经营权流转市场的发展为打破小农封闭经营提供了基础，也为新型农业经营主体进入农业提供了可能，农村土地经营权流转为适度规模农业经营与分工的整合和拓展提供了广阔的空间。在封闭，或者高交易成本的状态下，基于效用最大化的考量，自给自足的农户家庭经营是一种均衡；如果农户能够有效雇用劳动，有效利用资本，并通过比较优势诱导农地经营的适度集中，那么小农户就可以转成种植大户，或者家庭农场，实现农地适度规模经营，这种状况也是一种均衡。

3.2 农村土地经营权流转市场发育的关键

3.2.1 基于企业理论下的生产能力优势

奈特认为，通过企业这种装置，企业家自愿承担风险，并保证厌恶风险的人得到确定的收入，以换取后者的支配权利。在不确定性中，“具体经济活动的实施成为生活的次要部分；首要的问题是决定做什么以及如何去做”。如果将经营决策能力定义为奈特所说的“决定做什么以及如何去做”的能力，而将该决策所涉及的所有其他活动定义为“生产活动”，那么可以判断，尽管每个人都具有一定的经营决策能力，但每个人的经营决策能力是不同的。土地、劳动力和资本资源禀赋的差异会影响农户个体的决策能力，进一步导致农户分化。农户分化过程中的要素配置是农村土地经营权流转市场发育的关键。

以农户的生产能力优势为线索，可以厘清小农户在进行农村土地经营权流转后的要素配置逻辑。农户的农业经营能力具有异质性，在家庭联产承包责任制下，不同能力的农户分到了均等的农地，一些农户难以发挥其比较优势，导致出现了土地禀赋的“均分”与人力资本异质的非均衡问题。随着城镇化发展和农村劳动力转移，人地关系开始发生变化，为具有不同比较优势的农户的农地要素交易提供了社会空间。农户生产能力的异质性会导致其产生分化，基本表现就是农村土地经营权流转。对于具有农业经营优势的农户来说，通过原始集体承包权所取得的农地经营规模与其经营能力之间存在明显的不匹配，即存在经营能力相对过剩的问题，这会促使农户转入土地，实现农业经营能力与农地规模的匹配，从而促进了自身经营能力与农地经营规模的适度匹配以及小农经营向农地适度规模经营的转变。而在非农就业中，具有比较优势的农户由于农业经营能力不足可能会有转出农地的意愿。在农地资源均等配置制度约束下，农户农业经营能力的差异会导致农户的分化，农村土地经营权流转提高了农户内部的分工和农业经营的规模经济效益，但农业经营需要多要素配置，不同经营规模对投入要素匹配有不同要求。同时农业生产经营包括多种农事活动和相应的生产决策。随着农村土地经营权流转，农地经营规模的扩大必将超出农户的劳动行为能力，单独家庭无法独自处理所有的农事活动。农地与其他要素匹配及其结构性矛盾将伴随农地规模的扩大而加剧，因此农村土地经营权的进一步流转需要农户进行农业生产投入要素结构的改造和调试，这就需要农地相关要素市场的完善运行，农户将选择雇工和信贷来弥补自身生产能力的不足。

3.2.2 基于交易成本理论下的交易能力优势

科斯认为，企业和市场是两种可供选择的资源配置方式。其具体表现为在企业中，资源配置由权威关系来调节；在市场中，资源配置由非人格化的价格来调节，两者之间的选择取决于企业内部管理协调成本与市场定价成本之间的均衡关系。因此，企业的突出特征是“以权威关系取代价格机制”，企业的本源在于其节约交易成本的能力。交易成本存在于市场，是农户在生产经营过程中不可忽视的问题，具有交易能力优势的农户往往需要在要素配置时进行最优选择，以达到节约交易成本的目的，这种要素配置过程是农村土地经营权流转市场发育的关键。

选择一：机械替代人工。首先，在农业领域，与农村土地经营权流转相匹配的劳动力要素隐含着较高的交易成本。随着农村土地经营权流转，农户对其他生产要素的投入也将相应地提高或替代。由于农地生产特点决定了农业生产离不开劳动力，因此农业生产经营主体非常重视劳动要素的投入和替代。我们正处于“刘易斯拐点”的转折区间或已经达到“刘易斯拐点”，农村地区开始出现青壮劳动力的短缺，在农业领域，大量劳动力转移导致农业雇工的搜寻和雇用成本不断上升。其次，农业生产活动的季节性和周期性特点可能会导致在农忙季节出现农业劳动力市场的“挤兑现象”，加剧了雇工市场的不确定性与风险成本。最后，由于农作物的生命节律及其不可逆性的特点，农业生产者必须根据生物需要的指示进行有效的应对，劳动质量的呈现明显滞后于劳动过程。农业经营效率的损失往往难以区分是由劳动质量造成的，还是由自然风险造成的。这种困境导致内生出高昂的监督成本。在雇工的固定成本和监督成本“双高”的现实情境下，随着农村土地经营权流转，利用机械替代人工，实现生产过程的专业化、标准化，减少农业劳动力需求，提高监管水平，成为农户提高要素匹配效率最合适的选择。

选择二：自购农机投资与购买服务。在自身家庭劳动力不足和农业劳动力雇用成本较高的情况下，为了匹配农地经营规模，农户倾向于用机械替代人工的生产要素配置。以机械替代人工有两种方法：一种是农户选择生产外包服务，农业生产外包服务属于广义的农业劳动力市场的范畴，农业生产外包服务的过程既雇用了人工，又“雇用”了机械；另一种是农户自购机械。两者都可以一方面降低对单纯雇用工数量的要求，另一方面降低雇工的监管成本。自购农机具有较高的农机购置沉没成本。其特点是投资金额较高，经营规模扩大有助于成本分摊，农机具有资产专用性，所以必须要有与之相适应的操作空间和规模，否则会导致自购机械的沉没成本高。当农户经营规模未达到足够规模经营时，农户倾向于将农业生产中资产专用性较强的活动卷入分工体系，即通过购买农业生产外包服务而不是自己购买农业机械来降低生产成本。

选择三：可支配资本与农业信贷行为。农业机械对土地有着“集约化”和“规模化”的要求，具有投资额大的特点。作为一项固定投资，购买农业机械还是有投资门槛的。此外，农村土地经营权流转不仅需要支付农村土地经营权流转租金，还需要与土地所附着的农地水利设施、配套装备等资产相匹配。由此可见，农地经营规模需要有与之相匹配的资金。由于农户的弱质性，在经营规模持续扩大时，农户自有资金不能满足农业生产投入，需要通过资本市场获得资金。我国农业资本市场仍处于起步阶段，不同农户的信贷可得性存在很大差异。

3.3 农村土地经营权流转市场均衡逻辑

3.3.1 一般均衡理论

一般均衡是一个极其重要的经济学概念，是指在一个经济体内的所有商品市场上都同时达成了均衡。对经济现象的研究都是以均衡为基础的，经济研究一般是指基于不同的前提条件，选择合适的均衡项来研究经济现象。一般均衡是经济系统的最优解，由它所建立的经济系统是唯一且稳定的。在进行农业生产要素合理配置的研究时，我们不能仅仅局限于单一要素的帕累托最优，而应是多要素的一般均衡。一般均衡理论更适合农地及相关要素市场的分析。在新古典经济框架下，一般均衡理论不仅分析产品市场数量与价格之间的关系，而且分析要素市场之间的相互作用。农业经营规模本身是一个动态的概念，其实质是在现有要素禀赋结构下的土地、资本、劳动力和技术等要素的均衡。在舒尔茨的《改造传统农业》一书中，他认为："改造传统农业中所必需的投资类型，并不依赖于大型农场的建立……关键问题不在于规模，而在于各种要素的均衡。"

一般均衡理论最早由法国经济学家瓦尔拉斯于 1874 年在其著作《纯粹经济学要义》中提出。瓦尔拉斯是边际效用学派的奠基人之一，他的价格理论以边际效用价值理论为基础，他认为各种商品和服务的供求数量与价格是相互关联的，一种商品价格和数量的变化会导致其他商品的数量和价格的变化，因此有必要同时研究所有产品、所有市场供求的变化，而不是只研究一种商品、一个市场的供求变化。只有当所有市场都处于均衡状态，单独市场才能处于均衡状态。从经济学角度分析农村土地经营权流转市场、农业劳动力市场与农业资本市场之间的互动关系，其本质是解释由农业要素市场的一般均衡形成的问题。新古典经济学的一般均衡理论只讨论了价格在各个局部市场中产生的作用，没有涉及局部市场分工与专业化反馈市场一般均衡的"杨格命题"，也没有考虑交易费用约束市场范围扩展(即若干局部市场形成一般均衡)的"科斯命题"。均衡有两种结果：一种是自给自足，此时的交易效率和专业化程度相对较低；另一种是分工，此时的专业化经济程度较高。均衡涵盖了空间配置均衡、交易均衡和市场均衡，不均衡的结果则体现为内卷化。

3.3.2 要素配置均衡

1. 空间配置均衡

古典经济学家完全认识到生产要素将会流向他们能够赢得最高价格的地方。新古典经济学理论认为，在完全竞争条件下，生产要素自由流动使得区域间的要素供给相对均等，土地、劳动力、资本等要素的投入和集聚促进了区域农业经济的均衡发展，使得农村土地经营权流转效率在区域间达到均等。实际上，不同地区的农业资源禀赋存在差异，吸引资本、劳动力等要素投入的能力不同，农业发展的速度、规模、强度、方向也不同，劳动力、资本等农业生产要素及其效率的空间集聚结果必然不是均匀分布的(图 3-1)。在垄断竞争条件下，即使没有资源禀赋的差异，区域间的规模集聚和差异化优势也能产生较高的生产效率，同时具有更低的交易成本，并获得区域“黏性”。这种情况可能使得初始均衡的两个区域会随着交易成本的逐渐降低，最终导致区域之间的非均衡，也就是空间失衡。在现代分工和要素流动的条件下，并不是所有的农业生产要素需求都在本地实现供给，空间之间的联系因此更加紧密。空间均衡是一种状态均衡，而不是单纯的数量均衡，是一种各个地域代表个体都不愿意改变自身状态的形式，即“没有改变空间行为的刺激”的空间“帕累托最优”状态。在完全竞争市场中，生产边际转换率和消费替代率是相同的。如果不完全相等，农业要素空间配置失衡就会产生。由市场不完善导致的劳动力、资本等农业要素资源在经济增长中并非最优配置，即农业要素的边际产品价值与自身价格之间发生了偏差或背离。

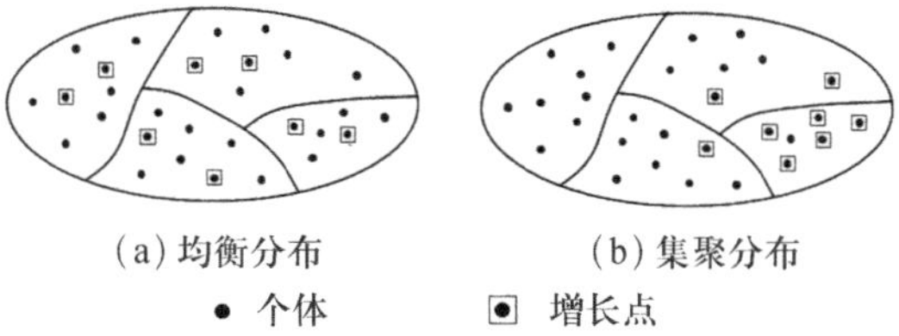

图 3-1 空间中的增长集聚点的分布情况

2. 交易均衡

在均衡的市场中，农地市场使得农地与劳动力、农地与资本形成了一种灵活的配置机制。劳动力所有者在农地交易中寻求与劳动力总量相匹配的土地经营规模。资本所有者也可以利用农地市场对农地进行投资。以劳动力与农地为例探讨要素之间的动态结合。在一个封闭的市场中，假定只有一个产业(农业)、两个农户、两种生产要素(L:劳动力,T:农地),而且生产要素的总量是固定的。此时可以用 Edgewoth 盒来表示这两种生产要素的配置状况和产出的情况。新古典经济理论通过对一个完全竞争市场的分析,证明了一个充分竞争的市场可以使整个社会的整体福利达到最大,即达到帕累托最优。按照一般均衡理论,当任何两种生产要素的边际替代率都相同时,生产效率为帕累托最优,即

$$\frac{f'_{T1}(x)}{f'_{L1}(x)}=\frac{f'_{T2}(x)}{f'_{L2}(x)} \tag{3-1}$$

如图 3-2 所示,两个农户在生产契约线 O,O' 上的任意一点都有农地和劳动力的边际替代率相等,假设两个农户 1、农户 2 拥有的初始劳动力分别为 L_a、L_b,拥有的初始农地分别为 T_a、T_b,两个农户的初始劳动力和农地的关系是 $L_a>L_b$,$T_a<T_b$。此时两农户的等产量线分别为 n_1 和 n_2,生产能力处在 A 点,即

$$\frac{f'_{T_a}(x)}{f'_{La}(x)}>\frac{f'_{T_b}(x)}{f'_{L_b}(x)} \tag{3-2}$$

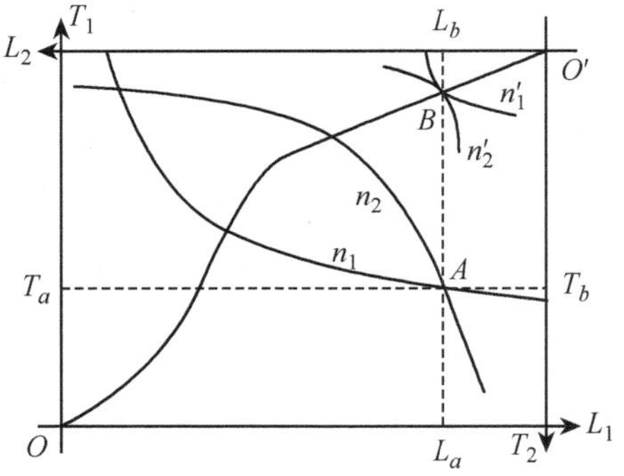

图 3-2 用 Edgeworth 盒表示的劳动力与农地的结合

A 点并不在生产契约线上,因此存在着通过要素交换来提高生产能力的可能性。两个农户的人口在短时间内是不变的。如果农地能够自由流动,那么农户 2 可以给农户 1 一部分农地,使得两个农户具有同样的要素边际替代率,此时两个农户的等产量线变为 n'_1 和 n'_2,总生产能力达到最大,也就是图 3-2 中的 B 点。在农地权属明晰的情况下,为了获得 B 点的农地数量,农户 1 必须向农户 2 支付至少大于 n_2 和 n'_2 所差距的福利。这说明了两个农户经过农地的交易都获得了更多的福利。

当某个农户劳动力数量被改变时,其生产要素的边际替代率发生了改变。

比如，在 B 点，农户的劳动数量增多，则其农地对劳动的边际替代率的提高大于在 A 点的边际替代率的提高，即

$$\frac{f'_{T_a}(x)}{f'_{L_a}(x)} < \frac{f'_{T_b}(x)}{f'_{L_b}(x)} \tag{3-3}$$

这时可以再次进行农村土地经营权流转，使双方的整体利益得到改善。若实现了要素的自由交易，劳动力与农地的结合就会根据农户劳动力数量的改变而不断改变，使得这种结合在动态变化中总处在较高的生产力上。

农地既是一种生产要素，又是一种资产。农地作为整体进行交易的成本较高，而当生产要素功能与资产功能分离时，其就可以更好地实现农地与劳动力的自由结合。然而仅仅通过生产要素的自由流动，劳动力与农地的动态结合是否能充分实现？这就存在两个问题：一是农地流动的成本高，仅有劳动力没有资本仍无法获得农地；二是农民在大多数情况下不愿意将农地卖掉，即使其没有能力耕作，也不愿意轻易失去农地。因此生产要素动态结合的真正实现就需要除简单的买卖之外的更深层次的市场。

3. 市场均衡

随着经济社会的发展，大量农村劳动力转移到城市从事二、三产业，农村劳动力从大量剩余劳动力逐渐变成不足劳动力，且进城务工的农民一般从事长时间高强度的非农产业工作，收入相对较高，间接抬高了雇用成本，农户进一步扩大经营规模将面临“农地和劳动力不能合理配置”的难题。基于此，我们分别对农地市场不完善的农地经营规模、劳动力市场不完善的农地市场、资本市场不完善的农地市场进行数理分析。

1）农村土地经营权流转市场不完善的农地经营规模

假定农业生产仅需要农地、劳动力、资本三种要素，有两种类型的农户 i 和农户 j，各自拥有 t_1^i、t_1^j 面积的农地，l_1^i、l_1^j 单位的农业劳动力，x_1^i、x_1^j 单位的资本。为了便于计算，假设农产品的价格为 1，MR^i、MR^j 表示两类农户的农地边际收益，且符合一般性规模报酬递减规律。在农地经营面积一定的情况下，其他要素的增加（减少）会使得农地的边际收益上升（下降），表现为边际收益曲线的上移（下移）。$r^{\text{out}}(p)$、$r^{\text{in}}(p)$分别代表转出农地可以获得的租金、转入农地需要支付的租金，两者都是租赁年限的递增函数。

农村土地经营权流转市场的不完善导致 $r^{\text{out}}(p)$、$r^{\text{in}}(p)$不相等，影响农户对农地利用的决策。农村土地经营权流转包含着搜寻、协商和执行等隐形成本。

许多新型农业经营主体通常通过中介与农户建立契约，不与农户单个进行交易。此时转出户获得的租金是转入户支付的租金减去中介服务费。如果农户不寻找中介，自行协商将会付出更多的交易成本。事实上，转入户支付的成本高于转出户收到的租金，因此 $r^{in}(p)>r^{out}(p)$。如果农民选择自己耕种农地，那么农民所付出的机会成本是出租这块农地所获得的土地租金，最优耕种规模则满足 $MR=r^{out}(p)$。

2）劳动力市场不完善的农地市场

广义上的劳动力市场不完善表现为两个方面：一是农业劳动力非农就业市场的不完善，农村劳动力难以在非农市场匹配到合适的岗位；二是农业雇用市场的不完善，农业雇用监督的成本较高。在劳动力市场不完善的情况下，最理想的状态是农户家庭农地禀赋的初始状态正好使得农地的边际收益等于 $r^{out}(p)$。但由于农户家庭存在异质性，而且家庭人口结构也在不断地变化，真实的场景可能和图 3-3 一致。

图 3-3(a)展示的是第一种情况。农户 i 如果耕种自己所有的农地，将导致农地的边际收益低于转出租金，即 $MR^i(t_1,l_1,x_1)<r^{out}(p)$，农户 i 最优生产规模是 $t_1^{i'}$，如果农村土地经营权流转市场完善，则农户 i 可以转出 $t_1^i-t_1^{i'}$ 单位的农地。此时如果农村土地经营权流转市场不完善，而劳动力市场完善，农户就可以通过雇用农业劳动力提升农地的边际收益，其就能接近转出租金（由图 3-3 中的虚线表示），此时无须转出农地就可以实现农地要素的最优配置。然而现实情况是这两个市场均不完善。尽管农户 i 比其他农户更可能转出农地，但是极有可能仅是潜在的而非实际的转出户。农户 j 则面临着转入问题，农户 j 的初始状态为 $r^{out}(p)<MR^j(t_1,l_1,x_1)<r^{in}(p)$。由于流转市场的不完善，农户 j 的边际

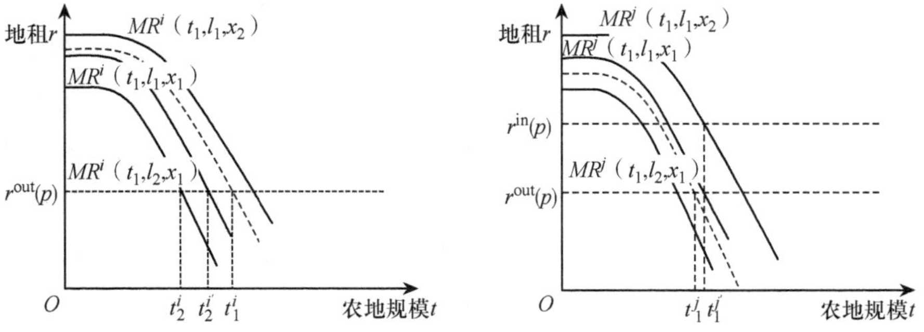

图 3-3　劳动力市场和资本市场不完善下的农村土地经营权流转市场

收益无法达到转入租金，无法在市场上转入土地。如果劳动力市场完善，农户就可以在非农市场找到工作，这样就会减少农业劳动力投入，降低土地的边际收益。由于劳动力市场不完善，部分农户 j 成为潜在的而非实际的转入户。

3）资本市场不完善的农地市场

对于农户 i 来说，资本市场的完善可以增加其资本的使用，如购买农用机械来弥补农业劳动力不足，资本市场的完善可以增加农资支出，提升农地的边际收益，农户 i 转出农地的可能性就会下降。而对于农户 j 来说，资本市场的提高可使其利用更多高质量的农资，可能会鼓励他们转而种植价值更高的经济作物，这些作物的劳动力成本高于粮食作物。农地的边际收益在 t_1^j 处已经超出 $r^{\text{in}}(p)$，资本市场不完善会导致农户 j 面临信贷约束，农户 j 无力支付农地租金，从而放弃了转入农地。由此可见，资本市场越完善，越可以促进农户 j 租入农地。

3.3.3 内卷化

效率是评价农业经济增长质量和绩效的关键指标和重要方法。在一定技术条件下，如果不减少其他产出，就不可能增加任何产出，或者如果不增加其他投入，就不可能减少任何投入，则该投入产出就称为技术有效。农业劳动力非农就业市场的发展导致了农村土地经营权流转市场的出现，农村土地经营权流转逐步走向市场化。虽然由农村土地经营权流转市场所带来的要素配置结构的优化为农业技术效率带来了一定的正效应（拉动效应），但农村土地经营权流转在市场发育达到一定高度后会出现规模报酬递减的现象，对农业技术效率产生了内卷化效应。

1. 拉动效应

农村土地经营权流转市场旨在实现农业生产要素优化配置和规模化经营。随着城市化的发展，大量农民进城务工，农村出现了土地撂荒或低效利用的现象。要素配置结构的优化降低了土地撂荒和低效利用的可能性以及农地的错配程度，促进了农地从低技能农户手中向高技能农户手中转移，提高了农业生产的技术效率。农村土地经营权流转市场的建立有利于促进农地资源在农业经营者之间的合理流转，实现边际产量的均衡效应和提高农业技术效率的交易效应。由于不同农户的资源禀赋结构不同，部分农户的种植技术较高，其生产效率就较高，农地也会向这些具有农业生产技术优势的农户集中。农村土地经营权流转市场的开放提高了农民对农地长期投资的期望。农地长期投资包括土地改良、排灌设施等。这些投资虽然一次性投入高，但可以产生长期效益，帮助农民提高抵御风险的能力，有效提高农业产量，实现农业技术效率的提高。

由于我国人口多、土地面积小的资源禀赋条件，农地经营规模因此普遍较小。在按质按位的家庭联产承包责任制下，分配农地会导致农地破碎严重。这样不仅阻碍了农业机械等现代生产要素的使用，还增加了田坎面积，造成农业用地资源浪费。农村土地经营权流转市场可以使农业生产者调整农业生产规模，有效整合土地，减少土地碎片化，从而提高农业技术效率。农村土地经营权流转市场虽然没有直接带来技术创新，但是促进了农业新技术的应用。根据诱致性变迁理论，新技术的快速发展将促使资源禀赋中相对稀缺的要素被相对廉价的要素所取代。替代人工的机械技术是“劳动节约型”技术，它以资本要素替代劳动力。农业新技术的应用一般投资成本高、资产专用性强，对生产经营规模有特定要求。由于我国独特的国情和土地制度，农民往往是进行小规模经营，从成本方面考虑，农业机械的利润甚至低于传统的人力生产和畜力生产。随着市场规模的增加，农民扩大生产经营规模可以在保证产量的基础上显著降低单位土地上新技术的应用成本，实现规模经济，提高农业技术效率。

2. 内卷化效应

内卷化源于美国人类学家吉尔茨对印度尼西亚爪哇岛的水稻农业的研究，“内卷化”是指一种社会或文化模式在某一发展阶段达到一种确定形式后，便停滞不前或无法转化为另一种高级模式的现象。黄宗智在《华北的小农经济与社会变迁》中将内卷化引入我国经济发展与社会变迁问题的研究，他把边际效益递减称为没有发展的增长，即“内卷化”。农村土地经营权流转的内卷化主要体现在市场和交易的频次以及规模的增加，但农业经营的分散化格局得到固化，农业技术效率保持不变或下降。内卷化效应的产生原因判断有两个：一是农村土地经营权流转中的市场失灵导致了农地在流转过程中的配置不当。农村土地经营权流转市场活动逐渐增强，但过高的农村土地经营权流转率会造成市场混乱，影响农地配置效率。由于农户对不同流转主体禀赋效应的差异和价格机制的扭曲，土地更容易被转移到小农手中。农地不向生产绩效较高的农户流转的原因是低效或无效的转让导致了大量“小农复制”情景，农业新技术应用受到抑制，农业生产方式转变困难影响了流转效率，小农经济固化，规模化生产效率低下。二是资本对劳动力的无效替代。只有市场完善,农户在流转中才会遵循效率原则。虽然农业经营在市场日益发展的情况下已经形成了一定的规模,但土地整合的过程需要大量的资金。农村土地经营权流转确实有助于农业结构升级。许多农户在流转后选择种植经济作物,实际上,经济作物的劳动密集型比粮食作物要高得多,机械化程度也不高。农户无法实现资本对劳动力的有效替代或持续增加劳动力,资本投入成本过高,产生技术抑制。如果农户无法从农业生产中获得更多的利润,农户就缺乏投资热情,小农无法改造土地,生产要素配置效率降低,农业技术效率得不到提高。要素市场的不完善意味着进行农村土地经营权流转的农民面临着不同的要素价格,会对资源要素的配置做出不同的决策。盲目进行农村土地经营权流转,如果超出了农业经营者的能力范围,就会导致技术效率的下降。

3. 地区差异

农村土地经营权流转对农业技术效率的影响需要具备良好的区域条件。农村土地经营权流转的最终目的是依靠规模经营来增加生产利润。而这种利润的增加主要发生在农场面积较大的地区。这些地区更加市场化,购买农业机械和投资农业基础设施的能力更强,最重要的是由于地势相对平坦,这些地区的技术能力更强,粮食主产区更符合这一特点。在粮食生产中,粮食主产区的农业机械的使用率高于非粮食产区,意味着可以获得更多的技术投入,从而提高农业技术效率。粮食主产区还有大量剩余劳动力,农村土地经营权流转市场使农民向非农产业转移,减少了劳动密集型农业,并向资本型农业转移,农业技术效率进一步提高。非粮食主产区主要分布在东部一些发达省(自治区、直辖市)和西部一些经济落后省(自治区、直辖市),特别是在一些海拔或坡度限制的地区农业以经济作物或畜牧业发展为主,农场规模较小,农业机械使用效率不高。农村土地经营权流转市场发展程度不允许农地的集中度超过自给自足的限度,往往伴随着非农就业和土地撂荒,这种情况主要发生在边缘化地区。同时经济作物生产难以实现较高的农业机械利用率,这意味着经济作物比粮食作物需要更多的劳动力,成为劳动密集型的农业形式。农业技术效率的提高更多地来自资本要素的投入,而不是劳动要素的投入。非粮食主产区的农业政策不以粮食生产为主要目标。在政策支持和市场支持方面,它存在更多的不足,同样产生了更多的市场不完善和失灵,进一步降低了农业技术效率。

农村土地经营权流转市场拉动效应和内卷化效应机制如图 3-4 所示。

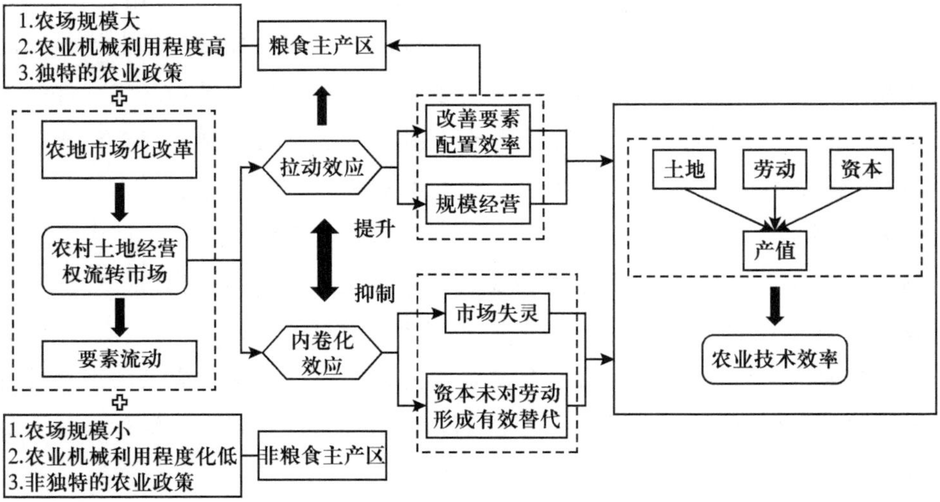

图 3-4　农村土地经营权流转市场拉动效应和内卷化效应机制

第4章 农地市场关联

农村土地经营权流转有效性的关键在于要素配置。农业生产是一个多要素投入的自然再生产和经济再生产过程。除了受土地要素的影响外,生产效率及其可能性边界还受其他生产要素的约束。为了准确把握农村土地经营权流转有效市场的发育逻辑,本章以市场关联理论、分工理论、信贷配给理论为基础,阐明小农户演化为规模农户的农业要素配置的内在逻辑。

4.1 农地及相关要素市场关联

4.1.1 市场关联理论

要素市场关联理论有三个源头:一是生产要素三元论。法国经济学家萨伊最早提出了生产要素的三元论,即土地、劳动力和资本。劳动力创造了工资,资本创造了利息,而土地创造了地租,商品的价值是由三者"协同创造"的,一切产品和效用都归因于土地、劳动力、资本。农村土地经营权流转的最终目的是让农业生产经营离不开土地、劳动力、资本的有效配置。二是农业经营中的佃农理论。最早是由 Braverman 和 Stigliz 在佃农理论的基础上发现土地、劳动力和资本市场之间存在关联,地主是土地和信贷的提供者,并且向佃农出售化肥等原材料,甚至消费品,市场的关联能够提高要素的静态配置效率。三是一般均衡理论。在新古典经济框架下,一般均衡不仅分析产品市场数量与价格之间的关系,而且分析要素市场之间的相互作用。农业经营规模本身是一个动态的概念,其实质是在现有要素禀赋结构下的土地、资本、劳动力和技术等要素的均衡。只有当所有市场都处于均衡状态,单独市场才能处于均衡状态。生产要素三元论、佃农理论、一般均衡理论均说明了农地要素市场发育的关联性,这种要素市场的关联性导致农村土地经营权效率损失主要体现为要素市场扭曲。

4.1.2 要素市场扭曲

要素市场扭曲是指由市场不完善导致的生产要素在经济生产中的非最优配置,即要素市场价格偏离了其机会成本。在理想的完全竞争市场中,要素处于无摩擦的运行环境中可以自由流动,以实现最优配置。在现实中,由于政策扭曲、市场失灵和制度障碍等一系列因素,要素市场不可避免地存在摩擦,特别是在发展中国家,由于政策机制扭曲,要素市场不能有效实现资源配置,要素流动和配置受到阻碍,投入要素的边际成本不等于产品边际收益,从而导致了要素市场扭曲。新结构经济学认为健全的农业要素市场机制对农业发展至关重要。由于土地和劳动力市场受到约束,要素价格变动无法体现要素的稀缺程度,使得资源配置没有“合理的参照系”。不健全的市场机制会导致农业经营主体无法有效积累农业剩余,削弱其“自生能力”,进而阻碍农业要素禀赋结构的升级。

由要素市场扭曲引起的配置效率低下正在成为发展经济学关注的问题,尽管由于技术的进步和制度的日益完善,全要素生产率的提高对农业增长做出了重大贡献,但要素市场扭曲和流动障碍延缓了农业增长。要素合理配置对农业生产效率和要素市场发育具有决定性影响,农业现代化的重要指标是生产效率的最大化,而不是土地规模的占比。在农村土地经营权流转后,相应配套市场的发育条件必须具备规模化经营的条件。农业规模经营和规模农户的产生与相关要素市场的发育和匹配密切相关,而不是由农村土地经营权流转市场单独决定的。我国不完善的要素市场可能严重制约了农村土地经营权流转效率,限制了农户高效利用土地,导致不同农户之间的生产效率差异更加明显。在要素市场充分发展的情况下,通过要素市场来缓解农户的初始禀赋约束,但我国的资本市场和劳动力市场并未充分发育。

根据农业要素契约的逻辑,农村市场化改革最先是稳定农地产权。农业要素市场是一个以农地市场为中心,以农业劳动力市场和农业资本市场为辅助的相互联动的交易网络体系,完善农业劳动力市场和农业资本市场,农村土地经营权流转市场就会做出相应的有效率的改进与正反馈。农业劳动力市场和农业资本市场的均衡价格信号会最终驱动农村土地经营权流转市场达到一般均衡状态,从而实现农村土地经营权流转市场的帕累托最优。基于这样的农业要素市场的全局均衡逻辑,农业要素市场的发育与改革是一个动态的制度变迁过程,因此农业劳动力市场和农业资本市场的局部制度改革可以驱动农地市场的制度联动。

在完全竞争市场中，生产边际转换率和消费替代率是相同的，如果不完全相等，则会产生扭曲。要素市场扭曲在空间上则表现为空间失衡。空间失衡带来的一个影响是空间溢出效应，本地区的要素配置不仅会影响本地区的生产效率，还会影响周边地区的生产效率。

如图4-1(a)所示，D为要素需求曲线，S为要素供给曲线，均衡需求量为Q，均衡价格为P是在竞争性市场条件下形成的要素正常需求数量和价格，Q_{min}和Q_{max}分别代表农业经营者的最小和最大要素消费量。如果农业经营者的要素消费量小于Q_{min}，就会威胁农业经营者的生存；如果消费量大于Q_{max}，则超过农业经营者的最大利用量，即使有比Q_{max}更多的要素利用，也是浪费和无效的。如果某些区域的农业要素价格发生偏离，被限制在了P_a。在该价格下，农业经营者愿

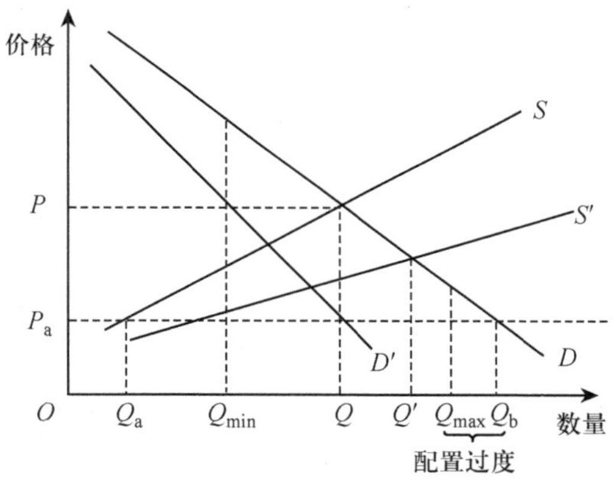

(a)

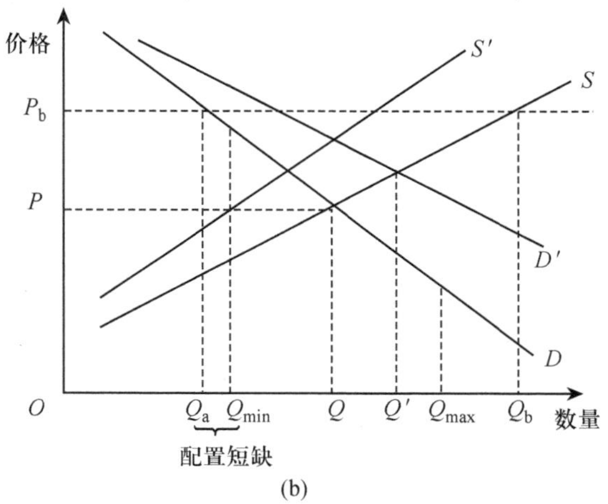

(b)

图4-1　要素价格和供求关系

意消费 Q_b 的资源，所以至少 Q_b-Q_{max} 的资源被过度消费，这一过度量是在要素价格扭曲、市场机制不能正常发挥的作用下形成的。随着要素的过度消耗，在同样的价格下，市场可能会供应更多的劣质资源，要素供应曲线相应变为 S'，导致资源品质下降或耗竭，农业经营者不得不购买更昂贵的替代品，长此以往，农业经营者的需求曲线也会变为 D'，此时农业经营产出和效率均会显著降低。同样，如图 4-1(b)所示，如果某些区域的农业要素价格发生偏离，就被限制在了P_b，在该价格下，农业经营者愿意消费 Q_a 的资源，所以至少 $Q_{min}-Q_a$ 的要素出现了短缺。这说明了空间失衡会导致要素出现过剩或短缺，从而造成效率损失。

1. 劳动力市场扭曲

虽然我国农业劳动力市场已经开放了 30 多年，但许多制度障碍并没有完全消除，劳动力没有得到充分调动。农民工的就业稳定性对农村土地经营权流转行为具有很强的正向作用。农业劳动力非农就业导致的结果是从事农业生产的劳动力数量减少，产生数量约束效应，输出地从事农业生产的劳动力质量下降，产生农业劳动力质量约束效应。农村劳动力转移主要以受教育程度较高的青壮年为主，其影响的结果是家庭劳动和资本资源的流失。伴随农业劳动力转移，参与农业生产的劳动力老龄化和女性化的现象日趋明显。城镇化引起了农业劳动力的流动，但流动并不是很有效率，劳动力的净流出对缩小城乡收入差距的作用并不显著，流出的大量人口多为高素质人群，而且往往是单向流动，这造成了人力资本投资和农业发展的恶性循环。劳动力的流动虽然提高了农村土地经营权流转速度，但劳动力转移对农村土地经营权流转具有阶段性影响，转移过快造成了农业有效劳动力不足。

农业生产是一个依赖生物孕育、生长、成熟的自然生态过程。农业的高自然生态性决定了人类在农业生产中并非处于绝对的支配地位。人类在农业中多处于“看护者”的地位，必须以生物所需要的指令为驱动，而不是以自身为中心。农业生产具有明显的季节性，由于投入瓶颈，农业生产的季节性往往限制了产量。劳动力是最常见的因素，而贷款的供给必须在高专属时期才有用。由于农业生产具有自然生态的特点，雇用劳动就会产生劳动监督问题。雇用劳动是按工资支付的，对最终的收成不负责。为了保证雇工生产过程的效率和质量，应该对雇工的劳动实施监督。由于农业生产的高自然特性，农业劳动者的劳动与最终收成之间缺乏清晰的关联，这使得很难监督雇工的劳动。尽管近年来不断发展的农业生产外包服务市场在一定程度上缓解了农业劳动力的约束，但并不是所有的土地都适合进行农业机械经营，农业生产外包服务在很大程度上受到地域的限制。

2. 资本市场扭曲

完善的资本市场能够降低流动性资本的影子价格，满足长期生产性资本的投资。我国农业资本市场存在的二元结构和信息不对称等问题使得农户融资难的问题始终没有得到很好的解决。受信贷资源制约、利益驱动、农业天然弱质性等因素的影响，农业信贷风险很大，金融机构倾向于把资金投向高收益行业，而对农户放贷的比例却很低，虽然弱监管渠道能够在某种程度上弥补这一缺陷，但是其融资成本非常高。在弱监管渠道，以亲缘、友缘为基础的网络体系限制了农户信贷的发生规模和范围。综合看来，有限的信贷可得性和居高不下的信贷成本不利于农户参与农村土地经营权流转，对农户的要素配置优化造成了负面影响。

强监管渠道的信贷约束也会抑制农户转入规模。大部分的农业经营主体信贷需求强烈，信贷准入有助于提高农户对农村土地经营权流转市场的参与度。信贷约束可分为供给约束和需求约束。供给约束是指由农业投资回报率低、周期长、农户缺乏有效的抵押物以及信息不对称引发的道德风险和逆向选择，信贷机构对农户实行信贷配给。需求约束是农户贷款信息的缺乏和意识狭隘，在主观层面制约了农户的信贷需求。由于农业资本市场发育不完善对农村、农业与农民发展的制约作用凸显，受限于小农的弱质性和金融机构的逐利性，信贷约束普遍存在于农村社会。规模化经营往往需要用机械替代人工来提高农业生产效率。为让农地规模化经营与农业机械投资形成良性互动，农户需要从资本市场获得资金支持，解决由扩大农地经营规模而产生的资金不足的问题。小农由于自身资本不能满足农地规模化经营而产生了资本需求。资本市场扭曲对农户的农村土地经营权流转的影响主要体现在两个方面：一方面，资本市场扭曲推高了小农流动资本的影子价格，不仅降低了农户的竞争力，还抵消了利用农业机械生产节约生产成本的优势；另一方面，资本市场扭曲无法满足农户的长期融资需求，导致长期性生产投资与农村土地经营权流转之间难以产生良性互动，农村土地经营权流转需要相应的农业机械部分替代劳动力投入，以提高农业生产效率。

农地及相关要素市场之间的关系如图 4-2 所示。

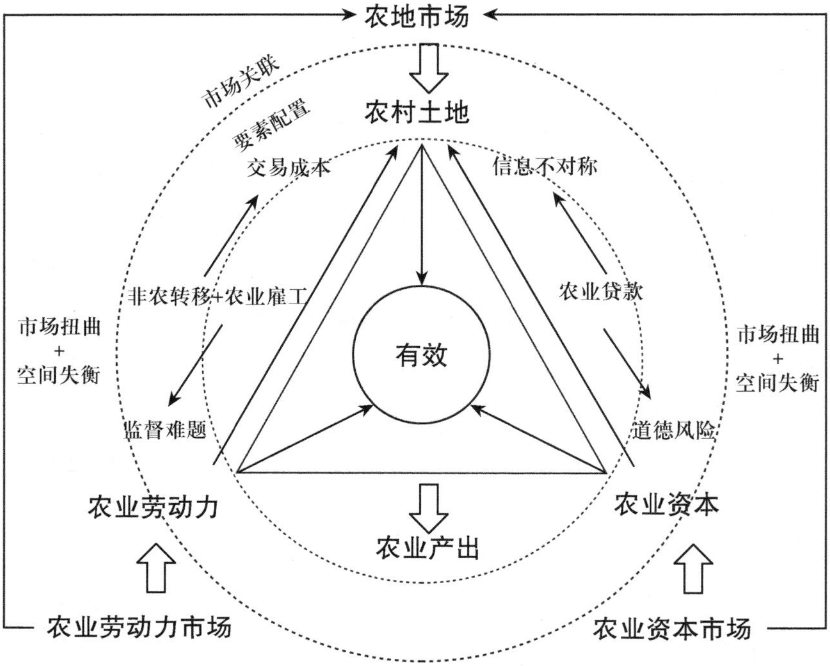

图 4-2　农地及相关要素市场之间的关系

4.2　农业劳动力市场约束下的农户选择

4.2.1　分工理论

在农业领域，传统经济学认为农地的规模效率来自某些要素投入的不可分性，例如，灌溉设施和农业机械等。马歇尔在《经济学原理》中提到，农业中的分工不多，生产规模不大，其实所谓的“大农场”所雇用的劳动力还不及中等规模工厂所雇用的劳动力的 1/10。千百年来，中国一直在维持着小农经营，家庭经营内生的自然分工和灵活决策机制、行为响应意识和激励相容的自我执行机制使其在农业生产活动中具有了天然的合理性与独特的组织优势。由于传统农业生产要素简单，产业链短，单个农户就可以掌握所有的生产资料，独立完成整个生产过程。实际上，农业的不可分性基于这些情境：一是农业的人工劳动和农业的封闭运作；二是农业技术进步缓慢，甚至停滞不前。然而，舒尔茨认为农业要素的投入具有“假不可分性”。以拖拉机为例，根据农地经营面积的不同，它可以生产不同规格和型号。同时，他将农业生产要素的"假不可分性"拓展到了其他生产要素，并提出"兼业"这一新的劳动力配置方式，使得劳动力也是"可分的"。

随着农村与外界经济要素的交流越来越多，农户在参与社会分工的过程中将优质要素配置到非农领域，劳动力转移距离也在不断地扩大，因此需要借助外部的农业经营主体和农业生产外包服务供给主体。现代技术的发展提高了农业生产环节的可分割性、农事活动的可交易性以及质量监督的可评价性。育种(苗)、整地、播种、植保、收割等生产环节都可以外包给专业化的服务组织。农业生产外包服务是指农户(或其他农业发包主体)为了提高农业生产效率和家庭整体福利水平，根据自身的实际生产需求，将可分离的农业生产环节的作业内容和过程转移给具有更专业化和比较优势的生产大户、专业服务团队或农业合作社等主体，并向其支付一定交易报酬的分工行为。由此可见，农业生产外包服务实际上是一种既雇用劳动，又"雇用"机械的生产行为。分工是农业报酬递增实现的关键，在农业规模经营日益实现的格局下，农业生产外包服务为农业规模经营提供了基础。

4.2.2 农户分化下的劳动力转移与要素替代

1. 劳动力转移

一般来说，农户的非农劳动力在逻辑上是由家庭层面决定的，而不是由个人决定的。由于劳动的一致性，在制度和资源限制下，家庭会将时间分配给不同的经济活动和家庭成员。劳动效率较高的家庭成员在同一任务上花费的时间会少于其他家庭成员。在家庭的共同决策中，家庭成员劳动效率的相对提高会引发其他家庭成员时间的重新分配，以实现家庭收入最大化。在刘易斯拐点和农村土地经营权流转市场不断完善的背景下，劳动力转移实际上改变了村庄的人地比以及家庭的资源禀赋。早期转移的劳动力主要是从事季节性或周期性短期劳动的男性劳动力，且往往从事多个行业。农户的异质性已经变得越来越明显。一方面，在以非农就业为主的农户中，女性劳动力开始出现转移，全家进行劳动力转移的现象越来越普遍，且劳动力转移距离越来越远。这部分农户还会在农村土地经营权流转过程中选择合适的农地价格变现方式。另一方面，由于家庭劳动力的异质性和劳动力转移的阶梯性，家庭劳动力转移不能有效促进农村土地经营权流转，土地流转滞后于劳动力转移的问题依然存在。自改革开放以来，我国实现了40多年的经济高速增长，城镇化水平快速提升，大量人口从农村流入城市，从农业部门转移到非农部门就业。

2. 农业分工与要素替代

随着农村土地经营权的流转，农业经营主体将面临自有劳动力缺乏的刚性约束，雇工空间的收缩导致农业劳动力投入结构失衡。为了应对劳动力短缺的问题，农户存在两种选择：一是以人工为主，以亲朋之间的帮工、换工或从劳动力市场雇用临时工为具体表现形式；二是以机械为主，以农业外包或购买农业机械为主要表现形式(表 4-1)。从我国人口结构和农业生产特点来看，通过雇工匹配农地经营规模意味着较高的雇工成本和监督交易成本。首先是雇工成本问题。随着农村劳动力的非农转移，劳动力总量增速放缓，人口红利逐渐消失，农民收入的增加导致休闲需求上升，这些因素造成我国农业劳动力"量"的不足和"质"的弱化，其结果就是农业雇工的影子价格持续升高。其次是监督成本问题。农业生产是人类劳动过程与农作物自然生长相互作用的复杂过程，农业劳动付出和报酬获得之间的关系很难计算，采用雇工的方式要承担高昂的劳动监督成本。受上述因素影响，我国的农业雇工大多局限于亲友邻居之间的帮工和互换。由于许多地区的农业劳动力大量外流，帮工和互换机制也越来越难以维系。

表 4-1　劳动力短缺应对方式分类

应对方式		特点
以人工为主	帮工、互换	交易成本低，但具有人情成本，难以满足规模化生产经营
	雇请工人	交易成本高，具有雇工风险及监督成本
以机械为主	外包服务	既雇用劳动，又"雇用"机械；交易成本处于中间位置，与规模经营具有较高的匹配度
	购买农机	具有专用性，固定成本高

农业生产的多种投入要素在一定限度内是可以相互替代的。农业机械是对劳动力的一种替代。农户转向用机械替代人工意味着使用相对便宜的资本(机械)替代较贵的劳动力。与农业劳动力相比，机械操作的"标准化、规范化"性质使其更容易被考核，也能减少农忙季节劳动雇用的不确定性。由此可以看出，随着农村土地经营权的流转，农业经营面积的扩大，购买农业机械和外包服务替代人工是一种合理的选择。在农业劳动力持续外流的情况下，我国农业产出仍然保持着高速增长的原因正是农业机械的替代作用。

规模经营农户集中于农业生产活动，深化了农场组织内部分工经济和规模经营的发展。如果农户以提供经济性服务为主，则会促进农业生产外包服务市场的发展，这时分工经济转换为以机耕、机种、机收的农业生产外包服务为主的纵向分工。农业生产外包服务的提供使具有农业比较优势，但受农业劳动力和资本约束的农户扩大农地规模成为可能，并进一步促进了农村土地经营权流转。在提供外部农机服务的前提下，农户会按照利益最大化原则，在农机“自购”与服务“购买”之间进行合理配置，将农场内部非关键业务外包，形成农业领域的分工协作，由此内生出动态比较优势。分工一旦开启，农户就会寻找服务规模经营与土地规模经营的动态平衡。农业生产外包服务供给的持续存在是我国农户分工启动的决定性因素。

从微观农户行为来看，农业雇工、农业生产外包服务市场发展的出发点在于城乡劳动力市场的发育。在要素流动和市场开放条件下，尊重农户自身意愿，借助市场力量，农户会动态调整和优化农业生产要素组合，内生出一种农村土地经营权流转、农业生产外包服务发展的机制。从规模经营农户生成演进逻辑来看，农户农业比较优势，土地、劳动力(包含农业生产外包服务)、资本的可获得性，农机购置数量等是关键因素。

在农村土地经营权流转之后，农业规模经营要素匹配的演化路径有三条：第一，随着劳动力转移，农村土地经营权流转带来了农村要素配置格局的显著变化。农户要素禀赋条件的不同导致了农户的分化，这主要体现在农村土地经营权流转上。具有农业生产经营优势的农户倾向于“转入农地”，而处于劣势的农户则更倾向于“转出农地”。第二，在农村土地经营权流转后，规模化农户会采用雇用经营方式，农地与劳动的要素之间存在结构性失衡。在供给方面，劳动力转移导致家庭可支配劳动力空间缩小；在需求方面，随着农村土地经营权流转和经营规模的扩大，农事活动所需的人工数量在不断增长，而农事活动的季节性造成了农事活动旺季与淡季的不均衡。农地与劳动力的结构性失衡需要发展农业劳动力市场来弥补。第三，农户可能会选择用机械替代人工，以实现农地的规模经营。考虑到农业的生产特点和与农地经营规模相匹配的劳动力要素，在供需不平衡的结果下，这是交易成本的上升。农业劳动力转移导致雇工空间的收缩和农业雇工成本提高；农业生产具有季节性、周期性等特点，增加了农业雇工的不确定性和风险成本；农产品自然生长特点使得农产品在生产过程中的生产质量难以监控。在这种情况下，为了规避高昂的交易成本，农户会自购农业机械。

要素替代机制如图 4-3 所示。

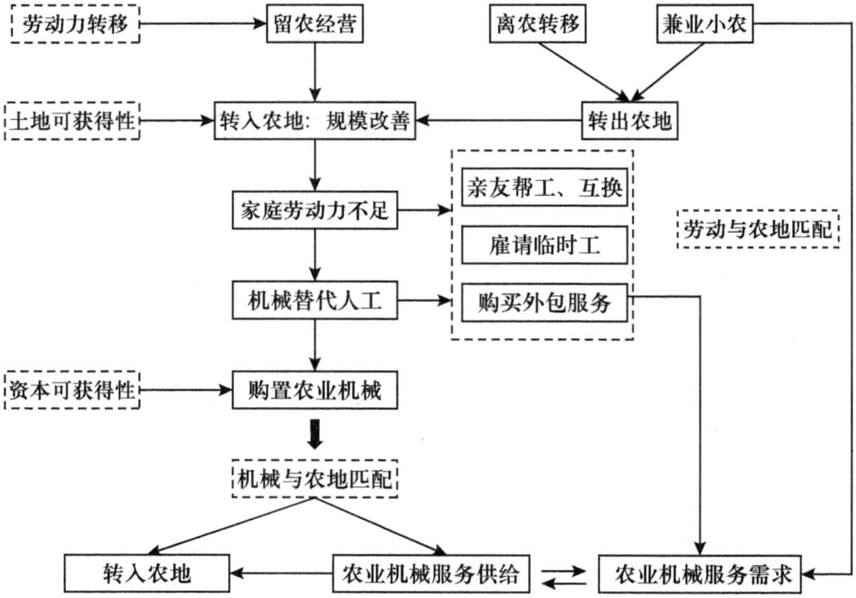

图 4-3 要素替代机制

4.2.3 农业劳动力结构对农地经营权流转效率的调节

“要素自洽”是指在特定的技术水平下，农业生产要素形成生产力与生产关系相适合的要素配置体系。区别于既有研究中的“耦合协调”“匹配发展”“适配”等单向的关系维度，要素自洽视角强调要素之间互动作用的合洽过程。要素配置效率对农业全要素生产率的发展具有重要作用。从农地与劳动力要素配置上看，农村土地经营权流转水平的提高有利于发挥边际产出效应，提高农地要素边际生产力，进而促进农业全要素生产率的发展。在现实中，这一结果的表现是生产者期望收入增加，农业生产者将更充足的资金用于雇用合适的农业劳动力，从而优化农地与农业劳动力要素配置。劳动力结构变化导致了农地与劳动力要素不自洽的现象，农业全要素生产率的发展可能会受到抑制。这种要素不自洽在当前表现为农业劳动力在数量和质量上供给的不足。它的主要原因是当前我国农业劳动力的“老龄化、女性化、兼业化”等使得农村土地经营权流转后仍然缺乏合适的劳动力进行农业生产。

进一步分析农地与农业劳动力要素不自洽影响农业全要素生产率的原因，在理想状态下，如果农村土地经营权流转市场和劳动力市场均为完善的要素配置市场，农户就可以在市场中找到与土地规模相适应的农业劳动力，此时并不会出现要素不自洽的问题(图 4-4 中的理想均衡)。反之,农业劳动力市场出现变化会导致农业劳动力供给减少,农业劳动力价格上涨,从而出现要素不自洽。由于农业劳动力的供给与价格发生了变化,因此农地和农业劳动力会形成自洽均衡(图 4-4 中的自洽均衡),自洽均衡会有损农业全要素的生产率。它的具体表现为农户减少了对农村土地经营权流转的需求,降低了生产中的土地成本,抑制了农村土地经营权流转对全要素生产率发挥作用。

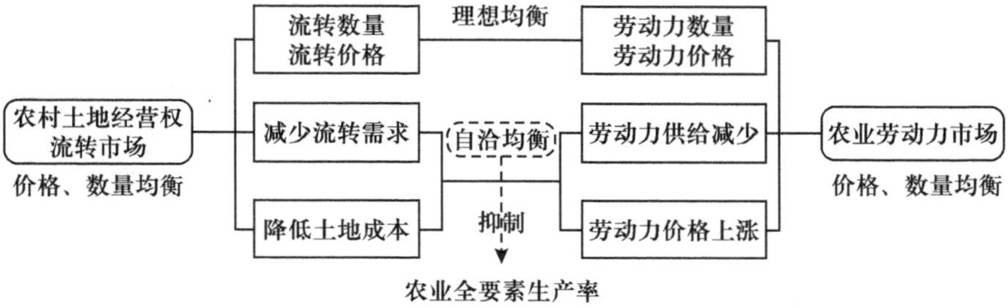

图 4-4 农村土地经营权流转市场与农业劳动力市场的自洽均衡

结合当前我国农业劳动力结构变化趋势分析,可以发现农地与农业劳动力要素配置不自洽的原因是农业劳动力结构变化,这主要体现在劳动力数量与劳动力质量的失衡。劳动力数量失衡是指由农业劳动力结构变化导致的农业劳动力短缺、用工成本上涨、"雇工难"的问题;劳动力质量失衡表现为农业劳动力弱质化,由青壮年劳动力流失导致的农业生产中"雇好工难"的问题。现有数据及研究也证实了农业生产存在劳动力失衡的现象,表现为农业劳动力急剧减少[①]以及由农业劳动力"老龄化、女性化、兼业化"等造成的农业劳动力数量减少及质量下降。

农业劳动力结构变化导致了农地与农业劳动力的要素不自洽,可能会对农村土地经营权流转的全要素生产率增长效应产生抑制作用。一方面,农业劳动力数量减少与质量下降导致了劳动生产效率下降。尽管通过农村土地经营权流转扩大经营规模,但是由农业劳动力质量下降导致的劳均产出减少反而抑制了农业全要素生产率的提高,劳动生产效率下降直接制约了农村土地经营权流转对农业全要素生产率的促进作用。另一方面,由于农业劳动力有效供给数量减少,部分农户意识到现存要素市场中存在农业劳动力弱质化的问题。为

① 历年的《中国统计年鉴》数据测算,2006—2021 年,全国农业劳动力数量减少了 1.5 亿人,占全社会比重从 42%缩减至 23%。

减少农业生产成本，农户可能会倾向于减少农村土地经营权流转规模，以适应现有的农业劳动力的生产能力，间接制约了农村土地经营权流转对农业全要素生产率的促进作用。

要素不自洽对农业全要素生产率的影响机制如图 4-5 所示。

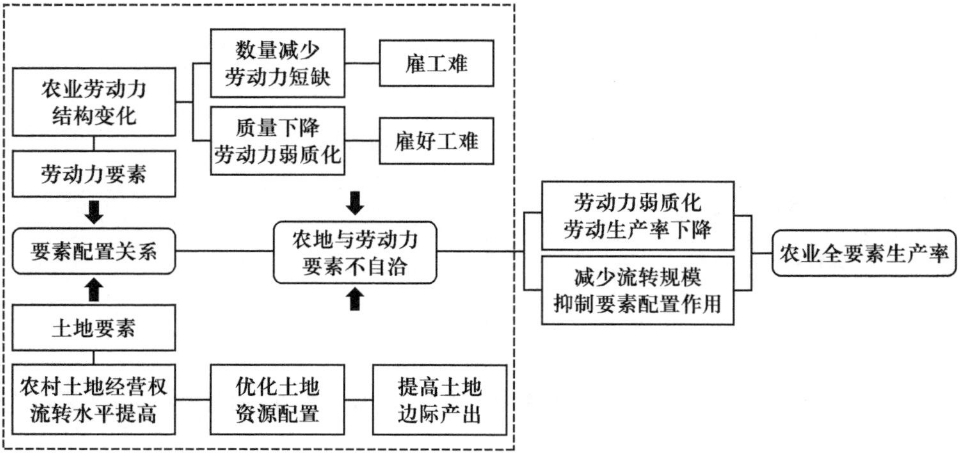

图 4-5　要素不自洽对农业全要素生产率的影响机制

结合我们的调研和统计数据，我国农业劳动力结构已经呈现“老龄化、女性化、兼业化”等特征①。因此，应具体分析不同农业劳动力结构变化对农村土地经营权流转的全要素生产率的影响（图 4-6）。

在农业劳动力老龄化层面，老年劳动力因身体素质下降从事农业劳动的可能性更低，这直接影响了农业生产中的劳动力投入和生产水平。此外，老年劳动力对农业新技术和农业机械的学习能力相对较弱。尽管农村土地经营权流转水平有了很大的提高，但是由农业劳动力老龄化导致的农业劳动力短缺、用工成本上升等问题可能会抑制农村土地经营权流转的全要素生产率的提高。当然，农业劳动力老龄化对农业生产的影响也不全是负面冲击，老年劳动力往往具有更明显的经验优势，农业机械水平提高也可以抵消由体能下降带来的生产效率下降。结合既有研究分析，本研究认为农业劳动力老龄化对农村土地经营权流转的全要素生产率的负面冲击更加明显，因此农业劳动力老龄化会对农村土地经

① 历年的《中国人口和就业统计年鉴》的数据测算，2020 年我国农村 65 岁以上劳动力占比达 22.0%，比 2005 年提高了 9.8%，农业劳动力老龄化加深；2020 年我国农村 15 岁以上女性劳动力占比 48.4%，农业劳动力女性化明显；2020 年农村居民工资性收入占比达 40.7%，比 2005 年增加了 4.6%，农业劳动力兼业化程度提高。

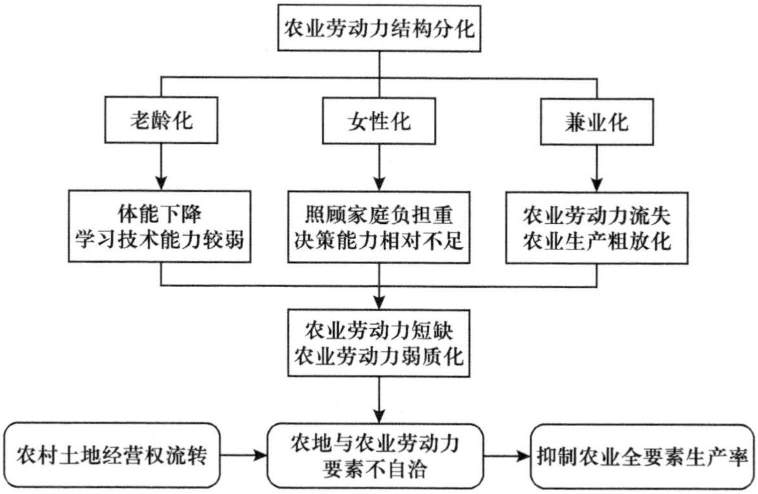

图 4-6 不同农业劳动力结构变化对农村土地经营权流转的全要素生产率的影响机制

营权流转的全要素生产率产生抑制作用。

在农业劳动力女性化层面，女性劳动力在需要繁重体力劳动的农业生产环节中可能会面临着较大的困难与障碍。同时，农村留守女性劳动力的受教育程度普遍较低，缺乏专业的技能培训，女性劳动力对市场新信息、生产新技术以及管理新方法等的掌握可能存在滞后与不足。另外，农村家庭女性往往需要承担照顾家庭的压力。由于无暇顾及农业生产，她们可能会减少农业投入的时间。因此，本研究认为农业劳动力女性化会对农村土地经营权流转的全要素生产率产生抑制作用。

在农业劳动力兼业化层面，农户兼业对农业生产的影响主要体现在农业劳动力流失效应和收入效应两个方面。农户兼业会促进非农收入的增加，缓解农业生产风险并补足农业生产资金短板，提高农户农业投资能力和抗风险能力，从而促进农业全要素生产率的提高。随着家庭中的非农收入占比的提高，农业生产重要性的降低可能会导致农业走向副业化，农户可能更倾向于减少农业劳动供给，这样反而抑制了农业全要素生产率的提高。同时，由农户兼业直接导致的农业劳动力流失不利于农业生产效率的提高。结合既有研究分析，本研究认为农业劳动力兼业化程度提高会对农村土地经营权流转的全要素生产率产生抑制作用。

综上所述，农业劳动力“老龄化、女性化、兼业化”会对农村土地经营权流转的全要素生产率产生负向作用，导致土地与农业劳动力的要素不自洽，从而抑制了农业全要素生产率的提高。当前农业劳动力结构的变化抑制了农村土地经营权流转的全要素生产率。它的抑制因素为农业劳动力结构中的老龄化、女性化、兼业化趋势。

4.3 农业资本市场约束下的农户选择

4.3.1 信贷配给理论

信贷配给是农业资本市场的一个重要问题。如果信贷不能满足农户的真实需求,就会严重制约农业经济的增长。农户面临的信贷配给问题是供求两方面的问题:一是资金短缺,只有一部分人可以获得贷款批准;二是尽管资金供应量充足,但有人无法获得任何利率的信贷。供给配给包括价格配给和数量配给;需求配给包括风险配给和交易成本配给。其中数量配给、风险配给和交易成本配给可归为非价格配给(表 4-2)。

表 4-2 信贷配给的分类和描述

配给类型		具体描述
供给配给	价格配给	以贷款利率作为市场出清机制,借款人因利率过高而无法获得贷款
	数量配给	资金需求方受供给方约束,部分或全部贷款申请遭拒
需求配给	风险配给	因担心失去抵押品而放弃贷款
	交易成本配给	需求方因无法承担过高的贷款成本而放弃贷款

农业资本市场的不完善对农户进行农村土地经营权流转的影响包含两个方面:一是不完善的农业资本市场推高了农户流动性资本的影子价格,不仅降低了农户自身的竞争力,也抵消了农户利用农业机械从事农业生产,从而节约监督成本的优势;二是在农业资本市场失灵下,农户信贷长期得不到满足导致了农业生产长期性投资与农村土地经营权流转难以形成良性互动。农业机械的长期投资与农村土地经营权流转是一种互动关系,即农村土地经营权流转的同时需要省力轻便的农业机械来替代劳动力投入。为了使自购的农业机械发挥最大的使用效率,需要通过流转获得与之匹配的农地经营规模,这就需要资本市场为农户提供长期流动性资金的支持,为良性互动提供前提条件。在发展中国家,就资本市场的发育情况而言,信息不对称和道德风险导致了农业资本市场广泛存在信贷

配给问题。强监管渠道虽然可以通过抵押制度克服信息不对称问题，但当抵押品处置困难，或者抵押品处置对农民无法构成威胁时，农民就可能故意不归还贷款，从而导致银行等强监管渠道对小农户的信贷行为往往伴随较高的交易成本。而在弱监管渠道，以亲缘、友缘为纽带的社会网络有助于剔除不履行还款承诺的借贷对象，但社会网络的广度和深度限制了借贷的发生规模和发生范围。有限的信贷可得性和高昂的交易成本不仅不利于农户对农村土地经营权流转市场的参与，也对农户的要素配置效率造成了负面影响。

4.3.2 农户融资诉求

农地作为可利用且社会生产生活依赖性较强的土地资源具有显著的资产属性。当对农地被赋予传统就业和社会保障功能时，农地资产属性容易被抑制和被忽视。在城镇化与劳动力转移的背景下，传统生产者对农地的依赖性减少，农地的实物保障功能逐渐转化为价值保障功能。在“三权分置”制度改革下，市场配置经营权使得农地资产属性被显化。权属的保障决定了农业投资回报的可得性，农村土地经营权流转显化了农地的交换价值，农地资产属性被激活。流转的规模效应促进了各生产要素的流动与重组，同时农地规模经营及采用的新生产结构、生产技术使利益相关者的生产利润增加。规模化、新技术、新生产方案均需要“大额”的资本投入，农户融资诉求脱胎于传统生产走向现代生产。从融资需求方来看，农地规模效应使农地资产价值提升，农地价值覆盖贷款额度成为可能，从而降低了农户面临的交易成本配给，农户潜在融资需求被显化；从融资供给方来看，规模经营体现了农户还贷能力，农地可抵押性的增强降低了金融机构的信贷风险，银行、农村信用社等强监管渠道将会吸引农户进行融资，农户融资渠道偏好受到影响。在农地资产属性激活后，通过影响融资供求双方，进一步作用于农户潜在融资需求与渠道偏好(图4-7)。

1. 农村土地经营权流转与农户潜在融资需求

以经营权流转对农地资源进行重新配置，将带动资本要素重新配置，并影响农户潜在融资需求。农村土地经营权流转会促使农户生产行为朝着规模化、市场化的方向转变。农村劳动力向非农产业转移，农业产业结构升级在内在需求上也会促使资本要素替代劳动要素，由劳动密集型转变为资本密集型。农村土地经营权流转伴随的是现代要素的投入，农户提高了自己的生产效率及收入水平，生存小农逐步演变为理性小农。随着农村土地经营权流转的规模化，农业生

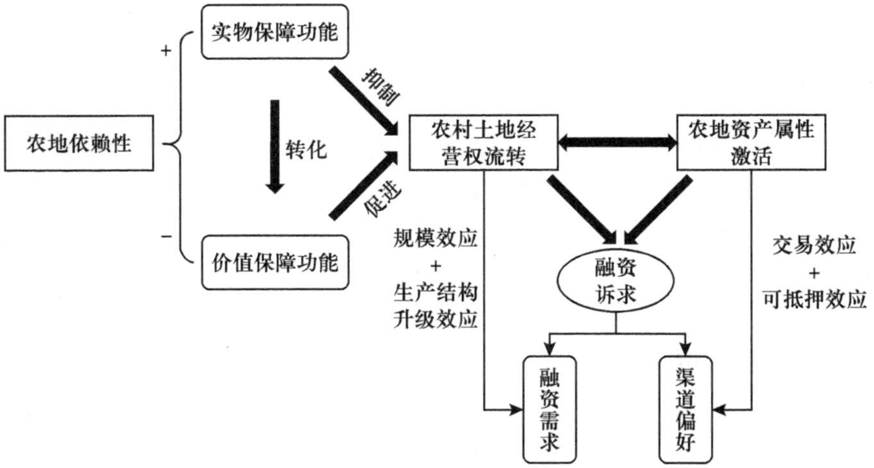

图 4-7　农地资产属性激活下农村土地经营权流转的农户融资诉求理论框架

产通过机械化、产业化的路径推动了资本对劳动的替代。在各类因素叠加下，农业资本被深化，其中一个明显的特征是提高了农户潜在生产性融资需求。

农村土地经营权流转通过高用地成本和高强度农业投资来影响农户融资诉求。农村土地经营权流转推动了资本对劳动的替代，同时推动了生产成本的增加，使得通过流转增加经营规模的农户试图利用金融服务来承担土地成本。为追求生产利润最大化，农户会对转入土地的利用方式进行升级，生产结构向高端化转变。即使农户仍然以粮食作物作为主要农产品种植，也会选择资本密集程度相对较高的新品种、新技术。融资需求旺盛的农户也会面临着更多的信贷数量配给，从而造成潜在融资需求增加。农户潜在融资需求在很大程度上受到流转合同签订的影响。流转合同的签订增强了农村土地经营权流转的稳定性，农地可抵押性增强。

2. 农村土地经营权流转与农户融资渠道偏好

诸多实证研究显示，我国农业资本市场为强监管渠道和弱监管渠道的二元供给结构，强监管渠道和弱监管渠道在贷款规模、利率水平、抵押要求、贷款期限等方面存在较大差异。强监管渠道主要是指以商业银行、村镇银行、农村信用社等为代表的有组织有机构的融资渠道；弱监管渠道表现形式较多，既有无组织无机构的个人借贷，也包括有组织无机构的各种合会、标会、招会，还包含有组织有机构的典当、贷款公司、农村基金互助社、互联网金融等（表 4-3）。农户选择哪种渠道在很大程度上取决于两种渠道融资成本的差异和可得性。

表 4-3 农户不同融资渠道的类型及特点

渠道类型	分类	特点	优缺点
弱监管渠道	个人借贷	无组织无机构	优点：依赖熟人社会，借贷方便，一般不需要抵押物或对抵押物要求较低 缺点：规模小，监管缺失，风险较大
	合会、标会、招会	有组织无机构	
	典当、贷款公司、农村基金互助社、互联网金融	有组织有机构	
强监管渠道	商业银行、村镇银行、农村信用社等	有组织有机构	优点：依赖制度信任，规模大，有监管保障，风险较小 缺点：借贷一般需要有抵押物且对抵押物要求较高

注：根据《农村民间金融风险控制研究》进行梳理和总结。

以民间金融为特征的弱监管渠道依赖熟人社会，在农户之间进行资金互助，但规模普遍偏小，且存在隐形利息，难以满足农户因转入土地而扩大生产规模所需的资金。在少数情况下，民间金融组织也能够提供稍大额借贷，但是利率一般较高，农户难以承担成本，也存在信用风险。弱监管渠道难以提供风险咨询、支付结算等金融服务。在可获信贷受到约束的情况下，弱监管渠道有其独特的成本和信息优势，在很大程度上替代了强监管渠道，在农业资本市场中占据主导地位。

随着我国资本市场的发育和完善，市场竞争加剧，强监管金融机构逐渐进入农业资本市场，城镇化下的农户观念和习惯逐渐市民化，在一定程度上促使他们去纠正传统认识偏差，从而更青睐银行、农村信用社等强监管渠道。农户经营规模的扩大及流转土地后生产结构的升级促使农户融资渠道偏好从基于人际信任的亲戚朋友或民间金融组织等弱监管渠道，逐步转为基于制度信任的银行、农村信用社等强监管渠道。政府财政风险补偿、贷款贴息等金融政策支持，加上农地收益相对稳定，确保了强监管渠道信贷支农的安全性。在农户流转土地后，随着经营规模增大，农户的可抵押物的数量增多，抗风险能力提升，银行、农村信用社等强监管渠道也释放出着力满足信贷需求的有利信号。强监管渠道在农户潜在融资需求上的显化作用增强，这使得农户在转入土地后更可能偏好强监管渠道。

第5章 农地市场评价

农村土地经营权流转市场到底是否有效,备受学者们的关注。本章拟探究的问题是我国农村土地经营权流转市场有效性如何?农地及相关要素市场化程度如何?本章首先在对农村土地经营权流转市场现状及问题进行分析的基础上,对农村土地经营权流转市场有效性进行评价;然后通过梳理农村土地、劳动力、资本三要素市场的内在发育机制,构建具备内在逻辑的农地及相关要素市场化测度指标,定量刻画现阶段我国农地及相关要素市场的发育程度,并进行各要素市场化程度的比较,全方位认识我国农村土地经营权流转市场,验证农村土地经营权流转市场有效性不足的问题。

5.1 内卷化与不均衡性

5.1.1 农村土地经营权流转市场的内卷化

为了对农村土地经营权流转市场有效性进行评价,本研究引入“内卷化”的概念。虽然由农村土地经营权流转市场带来的要素配置结构优化对农业技术效率有特定的正向作用,但当农村土地经营权流转市场达到一定高度时,规模收益递减的现象就会出现,即内卷化效应。内卷化效应的产生有两个原因:一是农村土地经营权流转的市场失灵导致了农地在流转过程中配置不当。过高的农村土地经营权流转率会造成市场混乱,影响农地配置效率。由于农户对不同流转主体禀赋效应的差异和价格机制的扭曲,土地更容易被转移到小农户手中。二是资本对劳动力的无效替代。只有市场完善,农户在流转中才会遵循效率原则。虽然在市场日益发展的情况下,农业经营已经形成了一定的规模,但土地整合的过程需要大量的资金。

5.1.2 农地及相关要素市场之间的不均衡性

新古典经济学理论认为,在完全竞争条件下,生产要素自由流动使得区域间的要素供给相对均等，土地、劳动力、资本等要素的投入和集聚促进了区域农业经济的均衡发展，农业生产效率在区域间达到均等。由于不同地区的农业资源禀赋存在差异，吸引资本、劳动力等要素投入的能力不同，农业发展的速度、规模、强度、方向也完全不同，劳动力、资本等农业生产要素及其效率的空间集聚结果必然是不均匀分布的。在要素市场不完善的情况下，农户只能利用要素之间的替代属性，过度投入富裕要素，并对生产的稀缺要素进行调整，此时的农户在生产过程中没有经济成本的概念，无法追求利润最大化。在垄断竞争条件下，即使没有资源禀赋的差异，区域间的规模集聚和差异化优势也能产生较高的生产效率，同时只需付出更低的交易成本，并可获得区域"黏性"。区域间的规模集聚和差异化得到进一步加强。这种情况可能使得初始均衡的两个区域会随着交易成本的逐渐降低，促使农地及相关要素市场之间发育的非均衡，即某一要素市场化程度高，另一要素市场化程度就较低。

5.2 农村土地经营权流转市场的现状及问题

根据历年的《中国农村经营管理统计年报》《中国农村政策与改革统计年报》《全国农产品成本收益资料摘要》等统计资料公布的数据，本节分析我国农村土地经营权流转市场现状及问题。

5.2.1 农村土地经营权流转市场现状

1. 农村土地经营权流转情况

截至2021年年底，我国家庭承包耕地土地经营权流转总面积达5.57亿亩，占家庭承包经营耕地面积的35.4%。从分地区来看，流转占比超过50%的省（自治区、直辖市）有6个，依次是上海（90.00%）、北京（64.25%）、江苏（62.72%）、浙江（59.80%）、黑龙江（56.03%）、广东（53.60%）。出租（转包）仍是流转的主要方式，以出租（转包）方式流转土地经营权4.94亿亩，占土地经营权流转总面积的88.6%。其中出租给本乡镇以外人口或单位的面积约6 848.59万亩，占土地经营权流转总面积的12.3%；以入股方式流转土地经营权3 018.38万亩，占土地经营权流转总面积的5.4%；以其他形式流转土地经营权3 311.84万亩，占土地经营权流转总面积的5.9%。流转行为逐渐规范，截至2021年，签订流转合同的耕地流转面积占比为69.23%。

2. 农村产权流转交易市场建设情况

截至2021年年底，全国已建成农村产权流转交易市场1 153个，其中省级14个、地市级81个、县级758个、乡镇级300个。全国已建成农村产权流转交易线上平台896个、省级线上平台16个，其中6个配有农村产权流转交易手机App，地市级线上平台75个，其中8个配有农村产权流转交易手机App。乡镇土地流转服务中心总数为22 931个，其中河北省最多为1 720个。全国通过农村产权交易市场流转交易农户承包土地经营权累计面积为4 260.97万亩，"四荒"使用权累计面积为508.37万亩，农户承包土地经营权累计金额达到了2 200.94亿元，"四荒"使用权累计金额达到了138.82亿元。2021年度全国通过农村产权交易市场流转农户承包土地经营权面积达1 240.6万亩，流转"四荒"使用权面积达333.7万亩。

3. 农村产权流转交易市场开展融资情况

截至2021年年底，全国农户承包土地经营权融资贷款面积累计663.53万亩，贷款金额累计272.55亿元，其中2021年的抵押贷款面积和金额分别是105.26万亩和40.13亿元，占比分别为15.86%和14.72%。江苏省农户承包土地经营权融资贷款累计面积已达到239.78万亩，居全国首位。从2021年度农户承包土地经营权融资贷款金额看，山东省达到12.02亿元，居全国首位。

5.2.2 农村土地经营权流转市场存在的问题

1. 农村土地经营权流转增速放缓

从图5-1中可以看出，2005年我国农村土地经营权流转面积仅为0.54亿亩，流转占比为4.57%。2005—2008年我国农村土地经营权流转处于制度规范阶段。从2008年起，我国的政策开始大力推动农村土地经营权流转。在这一年，成都成立了全国第一家农村产权流转交易所，后续大量的农村产权流转交易所相继建立，农村土地经营权流转率增速较快，2008年农村土地经营权流转增长率达到了70.82%，农村土地经营权流转面积占比达到了8.84%。这股增长势头一直持续到2013年，2013年全国农村土地经营权流转面积是2005年的6倍多。之后的年份，农村土地经营权流转市场不断活跃，但是2014年以后，我国农村土地经营权流转增长率缓慢减速，2015—2021年农村土地经营权流转年均增长率已减弱为1.02%。当前我国农村土地经营权流转市场面临着流转增速下滑的问题，同比增长率下降的趋势没有改变。

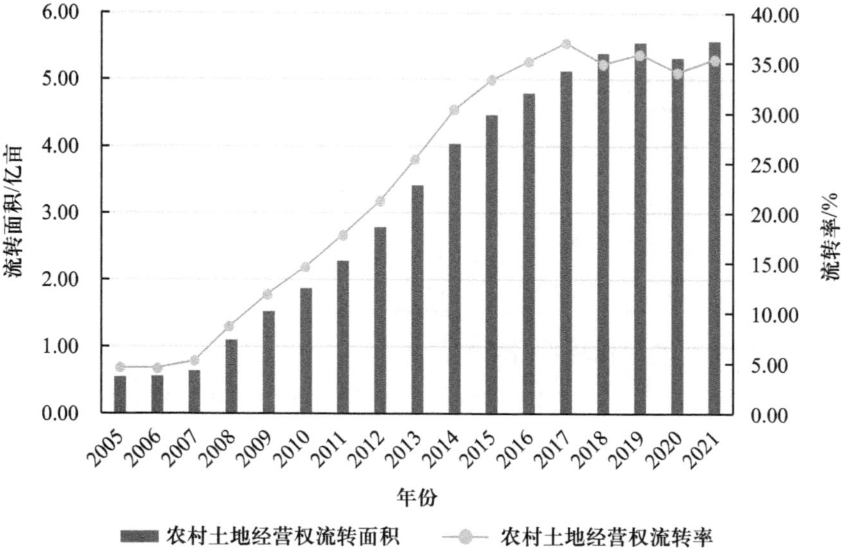

图 5-1 农村土地经营权流转面积与农村土地经营权流转率

2. 农村土地经营权流转存在小农复制

从表 5-1 中可以看出，2012—2021 年我国农村土地经营权流转率不断上升，农村土地经营权流转率增长了 66.53%。首先，我国经营 10 亩以下的农户仍然是农业生产经营主体，历年所占比例均超过 85%；其次，10～30 亩的经营农户的占比为 10%～11%，这两类农户所占比例加起来超过了 95%。虽然历年 10 亩以下的农户占比逐步下降，历年 100 亩以上农户的占比逐步上升，但与农村土地经营权流转率增长幅度相比，微乎其微。这说明了在我国小农群体庞大的同时，农村土地经营权流转率并未引起太大的农户规模经营的变化，大部分农村土地经营权流转交易只发生在小农之间，形成了“小农复制”。这种局面对我国现代规模农业产生了重大的约束作用，对农村土地经营权流转效率造成了损失。

表 5-1 经营不同亩数耕地的农户数占比 %

年份	10 亩以下占比	10～30 亩占比	30～50 亩占比	50～100 亩占比	100～200 亩占比	200 亩以上占比	农村土地经营权流转率
2012	86.11	10.48	2.31	0.78	0.22	0.10	21.24
2013	85.96	10.28	2.55	0.86	0.24	0.11	25.70
2014	85.93	10.18	2.60	0.89	0.28	0.12	30.36
2015	85.74	10.32	2.60	0.91	0.30	0.13	33.29
2016	85.51	10.48	2.61	0.94	0.33	0.14	35.14

续表 5-1 %

年份	10 亩以下占比	10～30 亩占比	30～50 亩占比	50～100 亩占比	100～200 亩占比	200 亩以上占比	农村土地经营权流转率
2017	85.30	10.60	2.70	1.00	0.30	0.20	36.98
2018	85.30	10.50	2.70	1.00	0.40	0.20	34.87
2019	85.20	10.68	2.54	1.02	0.38	0.17	35.90
2020	85.06	10.71	2.57	1.07	0.40	0.19	34.08
2021	85.22	10.58	2.54	1.08	0.40	0.18	35.37

3. 农村土地经营权流转价格增长过快

从图 5-2 中可以看出，2011—2020 年，仅 2017 年和 2019 年的农产品价格增长率大于流转租金增长率，其余年份的流转租金率均高于三大主粮出售价格增长率。2011—2016 年的流转租金增长率均远高于农产品价格增长率，最高差值为 20.83%，最低差值为 4.27%。流转租金仅在 2017 年和 2019 年出现了负增长，其余年份都处于正增长。2011—2015 年的流转租金增长率均大于 10%，2014 年的流转租金增长率最高，为 23.52%。虽然 2014—2019 年的流转租金增长率出现了缓慢下降，但 2020 年又急剧抬升，三大主粮出售价格增长率最高为 2020 年的 11.92%，除 2011 年和 2020 年外，三大主粮出售价格增长率均低于 5%，其出现负增长的年份较多。流转租金的快速增长脱离了市场规律，流转租金增长速度远高于三大主粮出售价格增长速度，这不利于农民积累、农业利润以及农业生产的再投入，同时会危害我国的粮食安全和农业发展。

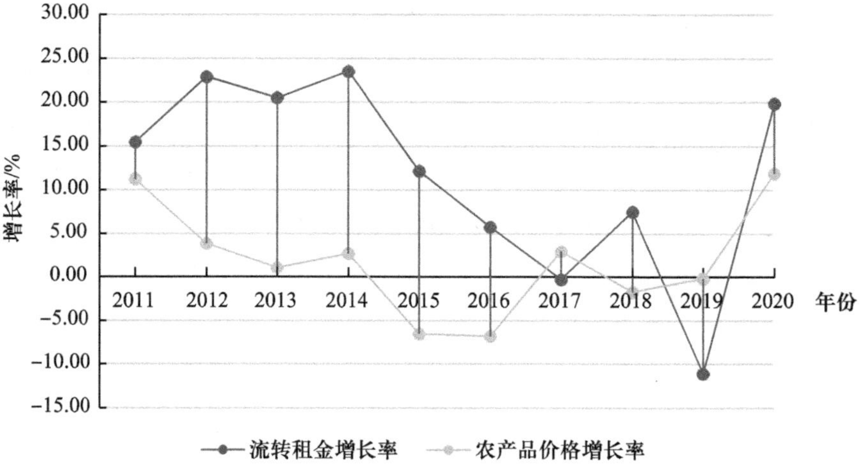

图 5-2 流转租金增长率与三大主粮出售价格增长率

5.3 农村土地经营权流转市场有效性评价

5.3.1 数据及模型

为了更全面地了解农村土地经营权流转市场的有效性，本节利用2005—2020年我国农业经济省级面板数据，分析了农村土地经营权流转市场发育程度对农业技术效率的影响。基于超越对数生产函数形式的SFA模型和Tobit模型的组合，考虑了农村土地经营权流转市场发育程度对农业技术效率影响的时间差异和区域差异。本节将区域划分为粮食主产区和粮食非主产区①。

1. 数据介绍

1）数据来源

以我国省级行政区划为数据采集对象，考虑到数据的可获得性，香港、澳门、台湾、西藏等地区未纳入实证研究，变量所需数据来源于历年的《中国统计年鉴》《中国农村经营管理统计年报》《中国农村政策与改革统计年报》、各省市统计年鉴等，共采集了我国30个省（自治区、直辖市）的农业技术效率、农村土地经营权流转市场发育等相关面板数据，采集数据的时间为2005—2020年。

2）变量介绍

选取农业产值表示产出，用农作物播种面积表示土地要素投入，第一产业从业人员数表示劳动要素投入，用农业机械总动力、化肥施用量表示农业资本存量和资本品中间投入，有效灌溉面积表示我国农业生产过程中的灌溉投入，计算得出的农业技术效率作为被解释变量。为了减少由物价指数上涨带来的计算误差，历年的农业产值均折算至2005年的可比价格。

核心解释变量为农村土地经营权流转市场发育程度。农村土地经营权流转市场发育的最终目的是实现要素配置结构的优化和规模化经营。农村土地经营权流转率和劳均经营规模可以直观地表征这两个目的，因此本节选取流转耕地面积占比和劳均耕地面积作为农村土地经营权市场发育程度的代理变量。家庭承包耕地经营权流转总面积除以家庭承包经营耕地面积，得到农村土地经营权流转率；家庭承包经营耕地面积除以第一产业从业人员数，得到劳均经营规模。

---

① 依据财政部《关于改革和完善农业综合开发若干政策措施的意见》，我国粮食主产区包括黑、吉、辽、蒙、冀、豫、鲁、苏、皖、川、湘、鄂、赣等13个省、自治区。

为了能更准确地衡量解释变量对被解释变量影响的因果关系，研究设置了相应的控制变量。选取农作物受灾面积占比（农作物受灾面积/农作物播种面积）、财政支农占比（农林水财政支出/地方一般公共预算支出）、受教育程度（农村人口初中及以上文化人数/6 岁及以上人数）、农业生产者价格指数（以 2005 年为基期）、粮食播种面积占比（粮食播种面积/农作物播种面积）等变量作为控制变量，具体详见表 5-2。

表 5-2　变量统计

数据分类	变量代码	变量含义	最小值	最大值	均值	标准差
产出	nycz	农业产值/亿元	35.21	3 574.33	943.81	704.64
投入	bzmj	农作物播种面积/千公顷	88.60	14 910.10	5 404.85	3 713.61
	cyry	第一产业从业人员/万人	37.09	3 050.00	872.22	623.05
	jxdl	农业机械总动力/万千瓦	94.00	13 353.00	3 184.91	2 846.54
	hfyl	化肥施用量/万吨	5.50	716.09	186.20	142.96
	ggmj	有效灌溉面积/千公顷	109.24	6 177.59	2 101.59	1 585.34
农村土地经营权流转市场发育程度	lzzb	流转耕地面积占比/%	1.36	87.34	22.73	17.51
	ljgm	劳均耕地面积/亩	1.55	20.80	5.79	3.54
控制变量	szmj	农作物受灾面积占比/%（农作物受灾面积/农作物播种面积）	0	93.56	20.46	14.83
	czzn	财政支农占比/%（农林水财政支出/地方一般公共预算支出）	2.13	18.97	10.48	3.32
	whcd	受教育程度/%（农村人口初中及以上文化人数/6 岁及以上人数）	25.53	79.39	54.54	10.15
	jgzs	农业生产者价格指数	98.75	235.01	153.22	33.08
	lszb	粮食播种面积占比/%（粮食播种面积/农作物播种面积）	32.81	97.08	65.46	130.02

2. 模型设计

为了探究农村土地经营权流转市场发育对农业技术效率的影响程度，本节采用 SFA 模型与 Tobit 模型联立，首先，利用随机前沿生产函数，依据各省（自治区、直辖市)农业投入与产出的面板数据测算出农业技术效率;其次,利用Tobit模型测算出农村土地经营权流转市场发育程度对农业技术效率的影响。

随机前沿生产函数的基本模型为:

$$\ln Y_{it}=\ln f(X_{nit},\boldsymbol{\beta})+(v_{it}-\mu_{it}) \tag{5-1}$$

公式(5-1)对30个省(自治区、直辖市)的农业技术效率进行评价,将每个省(自治区、直辖市)视为一个决策单元($i=1,2,\cdots,30$);每个省(自治区、直辖市)(DMU)都有n种投入变量($n=1,2,3,4,5$);X为农作物播种面积、第一产业从业人员、农业机械总动力、化肥施用量、灌溉面积等一系列投入变量;Y为农业产值产出变量;$\boldsymbol{\beta}$为待估参数向量;$\mu_{it}\sim iid N^{+}(m_{it},\sigma_u^2)$为非负随机变量,即各省(自治区、直辖市)农业生产要素组合距离最佳前沿面的效率损失;$v_{it}\sim N(0,\sigma_v^2)$为随机干扰项,显示由遗漏变量与统计性误差等不可控制的因素造成的干扰,v_{it}与μ_{it}之间相互独立。

本节基于随机前沿函数分析法,采用超越对数生产函数,避免了柯布-道格拉斯生产函数具有的技术中性和产出弹性不变的假定,研究更具一般性,具体模型设定为:

$$\begin{aligned}\ln nycz_{it}=&\beta_0+\beta_1\ln \mathrm{bzmj}_{it}+\beta_2\ln \mathrm{cyry}_{it}+\beta_3\ln \mathrm{jxdl}_{it}+\beta_4\ln \mathrm{hfyl}_{it}+\\&\beta_5\ln \mathrm{ggmj}_{it}+\beta_6\ln \mathrm{bzmj}_{it}\ln \mathrm{cyry}_{it}+\beta_7\ln \mathrm{bzmj}_{it}\ln \mathrm{jxdl}_{it}+\\&\beta_8\ln \mathrm{bzmj}_{it}\ln \mathrm{hfyl}_{it}+\beta_9\ln \mathrm{bzmj}_{it}\ln \mathrm{ggmj}_{it}+\beta_{10}\ln \mathrm{cyry}_{it}\ln \mathrm{jxdl}_{it}+\\&\beta_{11}\ln \mathrm{cyry}_{it}\ln \mathrm{hfyl}_{it}+\beta_{12}\ln \mathrm{cyry}_{it}\ln \mathrm{ggmj}_{it}+\beta_{13}\ln \mathrm{jxdl}_{it}\ln \mathrm{hfyl}_{it}+\\&\beta_{14}\ln \mathrm{jxdl}_{it}\ln \mathrm{ggmj}_{it}+\beta_{15}\ln \mathrm{hfyl}_{it}\ln \mathrm{ggmj}_{it}+\beta_{16}(\ln \mathrm{bzmj}_{it})^2+\\&\beta_{17}(\ln \mathrm{cyry}_{it})^2+\beta_{18}(\ln \mathrm{jxdl}_{it})^2+\beta_{19}(\ln \mathrm{hfyl}_{it})^2+\\&\beta_{20}(\ln \mathrm{ggmj}_{it})^2+(v_{it}-\mu_{it})\end{aligned} \tag{5-2}$$

公式(5-2)中,nycz_{it}表示i省(自治区、直辖市)在t时期的农业产值;bzmj_{it}表示i省(自治区、直辖市)在t时期的农作物播种面积;cyry_{it}表示i省(自治区、直辖市)在t时期的第一产业从业人员数;jxdl_{it}表示i省(自治区、直辖市)在t时期的农业机械总动力;hfyl_{it}表示i省(自治区、直辖市)在t时期的化肥施用量;ggmj_{it}表示i省(自治区、直辖市)在t时期的灌溉面积。

$$TE_{it}=\frac{Y_{it}}{\exp(X_{it}\beta)}=\exp(-\mu_{it}) \tag{5-3}$$

由于本节测算的农业技术效率结果大多分布于0～1，应选用Tobit模型针对农村土地经营权流转市场发育程度对农业技术效率的影响进行研究。固定效应的Tobit模型由于找不到个体异质性 u_i 的充分统计量，故无法进行条件最大似然估计，因此本节仅考虑随机效应的Tobit模型。考虑到农村土地经营权流转市场发育程度对农业技术效率的影响的内生性问题，将模型自变量进行滞后一期处理。同时，由于农村土地经营权流转率与劳均经营规模之间可能会产生影响，研究应建立两个方程，分别研究农村土地经营权流转率与劳均经营规模对农业技术效率的影响，构建模型如下：

$$TE_{it}=\beta_0+\beta_1 \mathrm{lzzb}_{i,t-1}+\beta_2 \mathrm{szmj}_{i,t-1}+\beta_3 \mathrm{czzn}_{i,t-1}+\beta_4 \mathrm{whcd}_{i,t-1}+\beta_5 \mathrm{jgzs}_{i,t-1}+\beta_6 \mathrm{lszb}_{i,t-1}+d_i+\varepsilon_{i,t-1} \tag{5-4}$$

$$TE_{it}=\beta_0+\beta_1 \mathrm{lzgm}_{i,t-1}+\beta_2 \mathrm{szmj}_{i,t-1}+\beta_3 \mathrm{czzn}_{i,t-1}+\beta_4 \mathrm{whcd}_{i,t-1}+\beta_5 \mathrm{jgzs}_{i,t-1}+\beta_6 \mathrm{lszb}_{i,t-1}+d_i+\varepsilon_{i,t-1} \tag{5-5}$$

公式(5-4)中，$\mathrm{lzzb}_{i,t-1}$ 表示 i 省（自治区、直辖市）在 $t-1$ 时期的农村土地经营权流转率；$\mathrm{szmj}_{i,t-1}$ 表示 i 省（自治区、直辖市）在 $t-1$ 时期的农作物受灾面积占比；$\mathrm{czzn}_{i,t-1}$ 表示 i 省（自治区、直辖市）在 $t-1$ 时期的农林水支出占比；$\mathrm{whcd}_{i,t-1}$ 表示 i 省（自治区、直辖市）在 $t-1$ 时期的农村人口初中及以上文化占比；$\mathrm{jgzs}_{i,t-1}$ 表示 i 省（自治区、直辖市）在 $t-1$ 时期的农业生产者价格指数；$\mathrm{lszb}_{i,t-1}$ 表示 i 省（自治区、直辖市）在 $t-1$ 时期的粮食播种面积占比。公式(5-5)中，$\mathrm{ljgm}_{i,t-1}$ 表示 i 省（自治区、直辖市）在 $t-1$ 时期的劳均经营规模；其他变量均与公式(5-4)中变量相同。

5.3.2 实证结果

1. 模型总体结果

基于2006—2020年的数据进行计量实证结果，模型整体通过了显著性检验（结果见表5-3），具有可靠性。农村土地经营权流转率在0.01的水平下通过了 t 检验，系数为负，表明随着农村土地经营权流转率的提高，农业技术效率出现了下降趋势。劳均经营规模在0.01的水平下通过了 t 检验，系数为负，表明随着劳均经营规模的增大，农业技术效率出现了下降趋势。从整体趋势来看，我国的农村土地经营权市场发育程度的提高抑制了农业技术效率的提高。农作物受灾面积在0.01的水平下通过了 t 检验，系数为正，表明农作物受灾面积占比越高，下一年的农业技术效率越高。农村人口初中及以上文化占比在 0.01 的水平下通过了 t 检验,系数为负,表明随着农村人口的文化程度的提高,农业技术效率逐渐降低。其可能的原因是农村人口的文化程度越高,更多的人口就会从事非农行业,造成农业技术效率降低。农业生产者价格指数在 0.01 的水平下通过了 t 检验,系数为负,表明农业生产者价格指数越高,农业技术效率越低。

表 5-3　农村土地经营权流转市场发育程度对农业技术效率的影响实证分析结果

变量名称	2006—2020 年	
	模型 1	模型 2
农村土地经营权流转率	−0.083 1***	—
	(0.005 5)	
劳均经营规模	—	−0.005 3***
		(0.000 5)
农作物受灾面积占比	0.015 7***	0.018 6***
	(0.005 1)	(0.005 5)
财政支农占比	0.030 3	0.036 9
	(0.033 1)	(0.040 1)
文化程度	−0.068 6***	−0.113 8***
	(0.015 1)	(0.025 9)
农业生产者价格指数	−0.000 3***	−0.000 4***
	(3.05e−05)	(3.65e−05)
粮食播种面积占比	−0.001 6	−0.039 4
	(0.009 6)	(0.013 3)
常数项	0.756 8***	0.759 7***
	(0.010 0)	(0.014 8)
对数似然值	1 249.739 3	1 217.606 8
Wald 值	1 924.26	1 567.51
p 值	0.000 0	0.000 0
观测值	450	450

注:*、**、*** 分别表示在 0.1、0.05、0.01 水平下显著。

2. 分时间段分析结果

为了探究农村土地经营权流转市场发育对农业技术效率是否一直处于抑制状态,本节对农村土地经营权流转市场发育程度是否存在技术有效性进行分阶段回归(具体结果见表 5-4)。2006—2010 年和 2011—2015 年的农村土地经营权流转率在 0.01 的水平下显著,系数均为正,表明 2006—2010 年和 2011—2015 年两个时间段的农村土地经营权流转率均提高了农业技术效率。2016—2020年农村土地经营权流转率在0.01的水平下显著，系数均为负，表明2016—2020年随着农村土地经营权流转率的提高，农业技术效率出现了下降，且下降趋势明显。2006—2010年劳均经营规模在0.01的水平下显著，系数为正，表明随着劳均经营规模的提高，农业技术效率出现了提升。2011—2015年和2016—2020年两个时间段的劳均经营规模在0.01的水平下显著，系数为负，表明随着劳均经营规模的提高，农业技术效率出现了下降趋势。从分时间段来看，农村土地经营权流转市场发育程度的提高在初期提高了农业技术效率，但近些年的农村土地经营权流转市场发育为农业技术效率带来了内卷化效应，出现了农业技术效率下降。

表 5-4 分时间段农村土地经营权流转市场发育程度对农业技术效率的影响实证分析结果

变量名称	2006—2010年 模型3	2011—2015年 模型4	2016—2020年 模型5	2006—2010年 模型6	2011—2015年 模型7	2016—2020年 模型8
农村土地经营权流转率	0.010 4*** (0.002 4)	0.016 8*** (0.002 0)	−0.023 6*** (0.005 8)	—	—	—
劳均经营规模	—	—	—	0.005 3*** (0.000 3)	−0.000 7*** (0.000 1)	−0.000 6*** (0.000 2)
农作物受灾面积占比	−0.001 5 (0.001 3)	0.002 5 (0.002 1)	−0.005 5 (0.003 8)	−0.003 5 (0.002 5)	0.003 5* (0.002 1)	−0.005 0 (0.003 4)
财政支农占比	0.098 0*** (0.009 7)	0.017 6 (0.012 0)	0.079 5** (0.036 9)	0.144 4*** (0.022 0)	0.065 8*** (0.016 9)	0.079 3*** (0.023 4)
文化程度	−0.001 2 (0.002 4)	−0.010 8*** (0.003 4)	−0.270 8*** (0.007 5)	−0.141 3*** (0.005 2)	−0.012 6*** (0.004 6)	−0.251 4*** (0.006 1)
农业生产者价格指数	0.000 1*** (2.17e−05)	0.000 2*** (1.26e−05)	7.89e−06 (4.18e−05)	0.000 3*** (4.14e−05)	0.000 3*** (1.49e−05)	−1.19e−05 (3.62e−05)
粮食播种面积占比	0.025 1*** (0.001 9)	0.033 9*** (0.002 1)	−0.015 4 (0.009 5)	0.018 2*** (0.006 4)	0.035 4*** (0.003 9)	−0.018 1*** (0.006 7)
常数项	0.666 1*** (0.002 0)	0.756 4*** (0.003 3)	0.814 7*** (0.015 1)	0.671 3*** (0.005 5)	0.751 5*** (0.004 6)	0.802 9*** (0.010 1)
对数似然值	563.309 8	543.589 6	475.501 2	490.816 2	534.486 5	486.333 0
Wald 值	527.44	690.05	3 584.08	1 649.81	537.13	3 597.58
p 值	0.000 0	0.000 0	0.000 0	0.000 0	0.000 0	0.000 0
观测值	150	150	150	150	150	150

注：*、**、*** 分别表示在0.1、0.05、0.01水平下显著。

3. 分区域分析结果

为了考察地区效应可能会对农村土地经营权流转市场发育程度产生的影响，本节依据国家划定的粮食主产区，对粮食主产区和非粮食主产区分别进行回归(表5-5)。从粮食主产区来看，农村土地经营权流转率和劳均经营规模在0.01的水平下显著，系数为正，表明随着农村土地经营权流转率和劳均经营规模的提高，农业技术效率均有显著的提升；从非粮食主产区来看，农村土地经营权流转率和劳均经营规模在0.01的水平下显著，系数为负，表明随着农村土地经营权流转率和劳均经营规模的提高，农业技术效率均出现了下降。从整体回归结果来看，粮食主产区的农村土地流转市场是有效率的，但非粮食主产区的农村土地流转市场的有效性不足。

表5-5 分地区农村土地经营权流转市场发育程度对农业技术效率的影响实证分析结果

变量名称	粮食主产区 模型9	非粮食主产区 模型10	粮食主产区 模型11	非粮食主产区 模型12
农村土地经营权流转率	0.099 8*** (0.008 7)	−0.188 1*** (0.016 9)	—	—
劳均经营规模	—	—	0.006 2*** (0.000 8)	−0.006 7*** (0.001 5)
农作物受灾面积占比	−0.007 0 (0.007 2)	0.014 8 (0.010 6)	−0.016 0* (0.008 2)	0.017 8 (0.012 6)
财政支农占比	−0.100 0** (0.046 6)	0.085 0 (0.084 2)	−0.095 8* (0.054 9)	0.058 4 (0.099 8)
文化程度	0.127 5*** (0.032 0)	−0.107 8** (0.052 4)	0.158 2*** (0.036 9)	−0.208 0*** (0.060 9)
农业生产者价格指数	1.22e−05 (5.32e−05)	−0.000 3*** (7.64e−05)	0.000 2*** (5.55e−05)	−0.000 6*** (8.53e−05)
粮食播种面积占比	−0.034 1 (0.022 2)	−0.013 4 (0.029 5)	0.015 2 (0.024 5)	−0.101 3*** (0.036 0)
常数项	0.683 7*** (0.026 9)	0.803 4*** (0.057 4)	0.559 2*** (0.048 4)	0.941 5*** (0.061 8)
对数似然值	580.603 0	587.849 8	555.432 1	547.244 7
Wald值	666.75	847.66	461.06	537.23
p值	0.000 0	0.000 0	0.000 0	0.000 0
观测值	195	255	195	255

注：*、**、***分别表示在0.1、0.05、0.01水平下显著。

通过以上分析可知，农村土地经营权流转市场发育对农业技术效率具有显著的拉动效应和内卷化效应。拉动效应是由于农村土地经营权流转市场发育提高了要素配置效率，带来了规模化经营，而内卷化效应是由市场失灵，资本没有有效替代劳动力造成的。SFA-Tobit 模型的实证分析结果也验证了这一理论分析：从时间差异来看，农村土地经营权流转市场发育初期对农业技术效率具有拉动效应，促进了农业技术效率的提高，但有效性不足，2016—2020 年农村土地经营权流转市场进入内卷化阶段，农村土地经营权流转市场发育对农业技术效率具有抑制作用。从区域差异来看，农村土地经营权流转市场发育对农业技术效率的拉动效应主要集中在粮食主产区，内卷化效应主要集中在非粮食主产区。从整体趋势来看，农村土地经营权流转市场的内卷化效应超过了拉动效应，使得农村土地经营权流转市场发育对农业技术效率产生了抑制作用。

5.4 农地及相关要素市场化程度比较

5.4.1 测度指标及模型

1. 测度指标

为了对各省农地及相关要素市场化程度进行客观测度，我们需要建立相应的测度指标体系。农地及相关要素市场化程度测度是一个较为复杂的技术问题，当前经济学、管理学理论和实践中没有一个规范的市场化测度模式。本节借鉴了陈宗胜等、邓晰隆等、戴晓春在农地及相关要素市场测度方面的成果，针对农村土地经营权流转市场、农业劳动力市场、农业资本市场，分别选取了 7 个我国农地及相关要素市场化程度测度指标，本节侧重于农地及相关要素市场的相对比较，而不是绝对评价。

1）农村土地经营权流转市场

基于 2020 年 30 个省（自治区、直辖市）农村土地经营权流转市场相关数据[①]，选取流转市场参与度、流转对象自由化、流转对象市场化、流转市场服务程度、流转市场稳定性、流转市场效果、流转市场正规化等 7 个测度指标对农村土

① 数据来源于农业农村部政策与改革司发布的《2020 年中国农村政策与改革统计年报》。由于香港特别行政区、澳门特别行政区、中国台湾和西藏自治区的部分数据不全，所以未被列入评价。

地经营权流转市场化程度进行了测度。表 5-6 详细列出了农村土地经营权流转市场的市场化测度指标及指标含义。上海市流转参与度最高，农村土地经营权流转率达到了 91.11%；宁夏回族自治区流转自由化程度最高，出租给本乡镇以外的人口或单位的面积占比为 33.35%；天津市流转对象市场化程度最高，流转给除农户以外的经营主体的面积占比为 90.64%；江西省流转市场服务程度最高，各区县行政区划内的流转市场平均有 1.13 个；天津市流转市场稳定性最高，单位流转面积纠纷数为 1.01 个/10 万亩；上海市流转市场化效果最好，中型以上的农场占比为 64.23%；安徽省流转市场正规化程度最高，在市场监管部门注册登记的家庭农场数占比为 64.53%。

2）农业劳动力市场

基于 2020 年 30 个省（自治区、直辖市）农业劳动力市场相关数据[①]，选取雇用市场参与度、非农市场活跃度、劳动力转移距离、劳动市场兼业程度、劳动力市场稳定性、农业生产外包服务活跃性、农业生产外包服务效益等 7 个测度指标对农业劳动力市场化程度进行了测度。表 5-6 详细列出了农业劳动力市场化程度测度指标及指标含义。海南省雇用市场参与度最高，从事第一产业的劳动力人数占汇总劳动力人数的 65.55%；非农市场活跃度最高的是重庆市，常年外出务工的劳动力人数占汇总劳动力人数的 50.37%；江西省劳动力转移距离最远，省外务工的劳动力人数占汇总劳动力人数的 25.44%；北京市劳动力兼业程度最高，工资性收入占可支配收入的 70.28%；山西省劳动力市场稳定性最好，劳动争议当期案件受理数平均仅为 0.000 5 件/人；广西壮族自治区农业生产外包服务活跃性最高，农业机械化作业服务组织和农业机械户数平均为 0.065 1 人/亩，新疆维吾尔自治区农业生产外包服务效益最高，农业机械化作业服务的收入平均为 630.60 元/亩。

3）农业资本市场

基于 2020 年 30 个省（自治区、直辖市）农业资本市场相关数据[②]，资本市场参与度、资本市场稳定性、财政扶持广度、信贷支持广度、财政扶持深度、信贷支持深度、保险市场发展等 7 个测度指标对农业资本市场化程度进行了测度。表 5-6 详细列出了农业资本市场化程度测度指标及指标含义。贵州省资本市场参与度最高，涉农贷款占比为 43.3%；北京市资本市场稳定性最高，商业银行不良

① 数据来源于《2020 年中国农村政策与改革统计年报》《中国人口和就业统计年鉴 2020》。

② 数据来源于《2020 年中国农村政策与改革统计年报》《2020 中国金融年鉴》。

贷款率仅为0.55%；上海市财政扶持广度最高，获得扶持资金的家庭农场占比达到了77.92%；青海省信贷支持广度最高，获得贷款支持的家庭农场占比达到了10.48%；上海市财政扶持深度最高，家庭农场获得的财政扶持资金平均数为4.38万元；甘肃省信贷支持深度最高，家庭农场平均获得的贷款资金数为3.18万元；上海市保险市场发展最优，购买农业保险的家庭农场数占比为73.28%。

表5-6 农村土地经营权流转市场化程度测度指标

市场分类	测度指标	指标含义	最小值	最大值	平均值	标准差
农村土地经营权流转市场	流转市场参与度	家庭承包经营耕地流转面积占比[①]/%	9.19	91.11	38.47	17.94
	流转对象自由化	出租给本乡镇以外人口或单位的面积占比/%	2.17	33.35	11.75	6.43
	流转对象市场化	流转给新型农业经营主体的面积占比/%	34.62	90.64	58.98	15.43
	流转市场服务程度	土地流转市场个数/区县级行政区划个数(有省级土地流转市场的乘系数1.5)/(个/每县)	0.09	1.49	0.67	0.37
	流转市场稳定性	单位面积纠纷数/(个/万亩)	0.10	6.69	1.41	1.43
	流转市场化效果	中型以上农场占比/%	1.58	64.23	18.78	12.75
	流转市场正规化	在市场监管部门注册登记的家庭农场数占比/%	1.43	64.53	25.62	15.76
农业劳动力市场	雇用市场参与度	从事第一产业劳动力占汇总劳动力的比例/%	4.11	65.55	36.47	11.61
	非农市场活跃度	常年外出务工劳动力数占汇总劳动力数/%	20.69	50.37	36.03	8.58

① 此处的家庭承包经营耕地流转面积包含转让和互换的面积。

续表 5-6

市场分类	测度指标	指标含义	最小值	最大值	平均值	标准差
农业劳动力市场	劳动力转移距离	省外务工劳动力数占汇总劳动力数/%	0.49	25.44	10.93	8.25
	劳动力市场兼业程度	农村工资性收入/可支配收入/%	19.50	7.28	55.17	29.78
	劳动力市场稳定性	劳动争议当期案件受理数/当地就业人员/(件/人)	0.000 5	0.01	0.001 7	0.001 7
	农业生产外包服务活跃性	农业机械化作业服务组织人数+农业机械户人数/家庭承包经营耕地面积/(人/亩)	0.003 5	0.07	0.03	0.02
	农业生产外包服务效益	农业机械作业服务收入/家庭承包经营耕地面积/(元/亩)	28.37	630.60	243.34	168.83
农业资本市场	资本市场参与度	涉农贷款占比/%	2.30	43.30	27.92	11.28
	资本市场稳定性	商业银行不良贷款率/%	0.55	8.75	2.17	1.64
	财政扶持广度	获得扶持资金的家庭农场占比/%	0.12	77.92	5.06	13.83
	信贷支持广度	获得贷款支持的家庭农场占比/%	0.14	10.48	2.13	2.20
	财政扶持深度	家庭农场获得财政扶持资金平均数/万元	0.01	4.38	0.59	1.01
	信贷支持深度	家庭农场平均获得贷款资金数/万元	0.03	3.18	0.70	0.73
	保险市场发展	购买农业保险的家庭农场数占比/%	9.83	73.28	22.04	16.27

2. 测度模型

本节通过构建模糊子集对所有测度因素进行模糊量化，利用熵权法确定各个测度因素的权重，然后利用模糊变化原理对各个影响因素进行综合评判，得到综合测度结果。运用模糊数学测度模型的主要步骤如下。

1）确定测度因素集

假设待测度对象的影响因素有 n 个，则测度因素集 $\boldsymbol{U}=\{u_1,u_2,\cdots,u_n\}$，其中 $u_1,u_2,\cdots,u_n$ 分别代表 n 个测度因素。

2）建立测度集

假设可能出现的评语有 m 个，采用 $v_1,v_2,\cdots,v_m$ 分别代表 m 个评语，则测度等级集合 $\boldsymbol{V}=\{v_1,v_2,\cdots,v_m\}$，每一个测度等级集合相当于一个模糊子集。确定各要素市场化程度为 5 个等级的数值，计算得到每个地区的每个指标的最高水平、平均水平及最低水平，分别作为最优值、一般值和最差值，取最高水平与平均水平的中间值为较优值，在平均水平与最低水平之间取中间值为较差值。当实际数值≥较优值时，评分为 100；当一般值≤实际数值＜较优值时，评分为 75；当较差值≤实际数值＜一般值时，评分为 50；当实际数值＜较差值时，评分为 25。

3）建立模糊测度矩阵

如果对每一个因素 u_n 单独做一个评判，就可以看作从 $\boldsymbol{U}$ 到 $\boldsymbol{V}$ 的模糊映射 $f:U\to F(\boldsymbol{V}),u_n\to f(u_n)=(r_{n1},r_{n2},\cdots,r_{nm})$，其中 $f(u_n)$表示对 u_n 的模糊因素评语模糊向量，

$$\text{令 } r_{nm}=\frac{v_{nm}}{\sum_{j=m}^{n} v_{nm}} \tag{5-6}$$

进而得到模糊测度矩阵 $\boldsymbol{R}$：

$$\boldsymbol{R}=\begin{bmatrix} r_{11} & r_{12} & \cdots & r_{1m} \\ r_{21} & r_{21} & \cdots & r_{2m} \\ \vdots & \vdots & \vdots & \vdots \\ r_{n1} & r_{n1} & \cdots & r_{nm} \end{bmatrix} \tag{5-7}$$

4）确定测度因素的权重

在模糊综合测度中，各个因素对测度对象的影响程度往往不同，因此需要结合实际情况确定权重，一般记为 $\boldsymbol{A}=\{a_1,a_2,\cdots,a_i\}$，$i=1,\cdots,n$，其中 a_i 为第 i

个因素 u_i 所对应的权重，且 $\sum_{i=1}^{n} a_i = 1$。为了消除因主观因素导致权重设置的偏差，本节采用熵权法的方式确定测度因素的权重。

假设有 n 个样本，m 个指标，则 x_{ij} 为第 i 个样本的第 j 个指标的数值（$i=1,\cdots,n;j=1,\cdots,m$）：

（1）指标的归一化处理：

$$\text{正向指标}: Y_{ij} = \frac{x_{ij} - \min\{x_{1j},\cdots,x_{ij}\}}{\max\{x_{1j},\cdots,x_{ij}\} - \min\{x_{1j},\cdots,x_{ij}\}} \tag{5-8}$$

$$\text{负向指标}: Y_{ij} = \frac{\max\{x_{1j},\cdots,x_{ij}\} - x_{ij}}{\max\{x_{1j},\cdots,x_{ij}\} - \min\{x_{1j},\cdots,x_{ij}\}} \tag{5-9}$$

（2）计算第 j 个指标下第 i 个样本值占该指标的比重：

$$p_{ij} = \frac{Y_{ij}}{\sum_{i=1}^{n} Y_{ij}} \tag{5-10}$$

（3）计算第 j 个指标的熵值：

$$e_j = -k\sum_{i=1}^{n} p_{ij}\ln(p_{ij}),\text{其中 } k=1/\ln n > 0 \tag{5-11}$$

（4）计算信息熵冗余度（差异）：

$$d_j = 1 - e_j \tag{5-12}$$

（5）计算各项指标的权重：

$$w_j = \frac{d_j}{\sum_{j=1}^{n} d_j} \tag{5-13}$$

5）综合评判

当模糊数学矩阵 $\boldsymbol{R}$ 和测度因素权向量 $\boldsymbol{A}$ 均已确定后，通过模型 $\boldsymbol{M}=(\wedge,\vee)$ 或改进模型合成运算，把 $\boldsymbol{A}=\{a_1,a_2,\cdots,a_i\}$ 变成测度集 $\boldsymbol{V}=\{v_1,v_2,\cdots,v_m\}$ 上的模糊子集 $\boldsymbol{B}=\{b_1,b_2,\cdots,b_n\}$，即综合测度指标 $\boldsymbol{B}=\boldsymbol{A}\cdot\boldsymbol{R}$，其中 b_j 代表第 j 种评判 v_j 在综合评判中所占的地位。

常用的全向量与单因素测度矩阵的合成模型主要有四种：主因素决定型、主因素突出型、不均衡平均型和加权平均型。由于当前三种模型存在测度因素过多时，很多因素权重值很小，因此主要因素占据主导地位，也就忽略了次要因素。本节主要采用第四种模型。面对所有因素均依据权重大小均衡兼顾，适用于各个因素均起作用的情况，计算公式为：

$$b_j = \sum (a_i \cdot r_{ij})(i=1,\cdots,n;j=1,2,\cdots,m) \tag{5-14}$$

5.4.2 比较结果

依据熵权法对农村土地经营权流转市场、农业劳动力市场、农业资本市场化程度测度指标设置权重结果详见表5-7至表5-9。

表5-7 农村土地经营权流转市场化程度测度指标权重

指标	流转市场参与度	流转对象自由化	流转对象市场化	流转市场服务	流转市场稳定性	流转市场化效果	流转市场正规化
权重	0.139 5	0.153 3	0.168 1	0.164 2	0.038 2	0.170 3	0.166 5

表5-8 农业劳动力市场化程度测度指标权重

指标	劳动力市场参与度	非农市场活跃度	劳动力转移距离	劳动力兼业程度	劳动力市场稳定性	农业生产外包服务活跃性	农业生产外包服务效益
权重	0.067 5	0.141 5	0.246 2	0.134 3	0.030 8	0.150 1	0.229 7

表5-9 农业资本市场化程度测度指标权重

指标	资本市场参与度	资本市场稳定性	财政扶持广度	信贷支持广度	财政扶持深度	信贷支持深度	保险市场发展
权重	0.035 5	0.013 0	0.366 9	0.130 6	0.256 7	0.129 2	0.068 2

表5-10为农地及相关要素市场化程度综合测度结果，我国农村土地经营权流转市场化程度的前三名是安徽省、重庆市和江苏省，市场化程度分别为0.048 2、0.045 1、0.043 5。农业劳动力市场化程度的前三名是湖南省、广西壮族自治区和安徽省，市场化程度分别为0.043 0、0.042 8、0.042 1。农业资本市场化程度的前三名是湖南省、上海市和江苏省，市场化程度分别为0.062 7、0.062 0、0.056 2。

表 5-10　农地及相关要素市场化程度综合测度结果

排名	农村土地经营权流转市场		农业劳动力市场		农业资本市场	
	省(自治区、直辖市)	综合得分	省(自治区、直辖市)	综合得分	省(自治区、直辖市)	综合得分
1	安徽	0.048 2	湖南	0.043 0	湖南	0.062 7
2	重庆	0.045 1	广西	0.042 8	上海	0.062 0
3	江苏	0.043 5	安徽	0.042 1	江苏	0.056 2
4	天津	0.043 5	江西	0.041 8	安徽	0.055 4
5	江西	0.042 7	海南	0.040 9	浙江	0.054 6
6	四川	0.041 5	广东	0.040 9	重庆	0.054 0
7	湖南	0.041 2	江苏	0.040 9	四川	0.047 8
8	北京	0.039 4	山东	0.039 8	贵州	0.046 3
9	浙江	0.038 9	浙江	0.039 0	天津	0.039 8
10	上海	0.038 7	湖北	0.038 1	宁夏	0.035 2
11	广西	0.037 2	福建	0.037 7	北京	0.033 6
12	贵州	0.036 8	上海	0.037 6	青海	0.031 5
13	宁夏	0.036 7	河南	0.035 2	甘肃	0.030 9
14	陕西	0.036 1	陕西	0.035 0	新疆	0.029 7
15	山东	0.033 9	河北	0.033 6	江西	0.028 5
16	河北	0.033 5	新疆	0.033 5	广西	0.027 3
17	云南	0.032 5	天津	0.033 1	云南	0.026 0
18	湖北	0.032 2	北京	0.032 0	黑龙江	0.025 1
19	河南	0.031 8	重庆	0.030 9	福建	0.024 4
20	广东	0.031 6	四川	0.030 3	陕西	0.022 5
21	甘肃	0.031 5	贵州	0.029 5	湖北	0.022 3
22	青海	0.025 7	青海	0.028 4	内蒙古	0.022 1
23	海南	0.024 9	云南	0.027 4	山东	0.021 6
24	吉林	0.024 3	宁夏	0.025 9	山西	0.021 1
25	山西	0.024 3	辽宁	0.025 7	河南	0.021 1
26	新疆	0.024 2	吉林	0.025 7	河北	0.020 6
27	福建	0.023 4	山西	0.024 3	辽宁	0.020 1
28	黑龙江	0.019 6	甘肃	0.023 3	吉林	0.020 1
29	辽宁	0.018 7	黑龙江	0.020 9	海南	0.018 9
30	内蒙古	0.018 4	内蒙古	0.020 8	广东	0.018 9

注：香港特别行政区、澳门特别行政区、我国台湾地区和西藏自治区的部分数据不全，未被列入测度。

表 5-11 为各地区农地及相关要素市场化程度综合测度结果。从全国分区域来看，东部地区的农村土地、农业劳动力、农业资本市场化程度依次是 0.033 6，0.036 5，0.033 7；中部地区的农村土地、农业劳动力、农业资本市场化程度依次是 0.033 0，0.033 9，0.032 0；西部地区的农村土地、农业劳动力、农业资本市场化程度依次是 0.033 2，0.029 8，0.033 9；粮食主产区的农村土地、农业劳动力、农业资本市场化程度依次是 0.033 0，0.033 7，0.032 6；非粮食主产区的农村土地、农业劳动力、农业资本市场化程度依次是 0.0317，0.031 2，0.032 0。

表 5-11　各地区农地及相关要素市场化程度综合测度结果

地区分类	农村土地经营权流转市场	农业劳动力市场	农业资本市场	平均值
东部地区	0.033 6	0.036 5	0.033 7	0.034 6
中部地区	0.033 0	0.033 9	0.032 0	0.033 0
西部地区	0.033 2	0.029 8	0.033 9	0.032 3
粮食主产区	0.033 0	0.033 7	0.032 6	0.033 1
非粮食主产区	0.031 7	0.031 2	0.032 0	0.031 6

本节通过构建模糊子集对所有测度因素进行模糊量化，利用熵权法确定各个测度因素的权重，利用模糊变化原理对各地区农地及相关要素市场进行评判，得到综合测度结果。我国农村土地经营权流转市场化程度的前三名是安徽省、重庆市和江苏省。农业劳动力市场化程度的前三名是湖南省、安徽省和广西壮族自治区。农业资本市场化程度的前三名是湖南省、上海市和江苏省。从全国分区域来看，东部地区各要素市场化程度为农业劳动力市场＞农业资本市场＞农村土地经营权流转市场；中部地区各要素市场化程度为农业劳动力市场＞农村土地经营权流转市场＞农业资本市场；西部地区各要素市场化程度为农业资本市场＞农村土地经营权流转市场＞农业劳动力市场；粮食主产区各要素市场化程度为农业劳动力市场＞农村土地经营权流转市场＞农业资本市场；非粮食主产区各要素市场化程度为农业资本市场＞农村土地经营权流转市场＞农业劳动力市场。除东部地区外，其他地区均有一个其他相关要素市场滞后于农村土地经营权流转市场。

第6章 农地市场效率损失

农地及相关要素市场具有关联性，农村土地经营权流转市场形成的关键在于要素配置。农业生产效率及其可能性的边界不是依靠要素投入规模，而是取决于土地、劳动力和资本的要素匹配。如果单纯进行农村土地经营权流转，但不能同时保证劳动力、资本等相关要素的匹配，就可能抵消由农村土地经营权流转所带来的效率提升。本章拟探究的问题是农地及相关要素市场扭曲给农村土地经营权流转效率带来的影响。将从宏观角度，利用空间计量模型验证农地及相关要素市场扭曲给农村土地经营权流转造成的效率损失。

6.1 要素市场关联

6.1.1 农业劳动力市场与农村土地经营权流转市场的关联

农业劳动力的非农就业导致的结果是从事农业生产的劳动力数量减少。它产生了数量约束效应，也会导致输出地从事农业生产的劳动力质量下降，产生农业劳动力质量约束效应。农村劳动非农转移主要以受教育程度较高的青壮年为主，其影响的结果是家庭劳动和资本要素的流失。随着农业劳动力转移，参与农业生产的劳动力的老龄化和女性化的现象日趋明显，同时农业的高自然生态性决定了人类在农业生产中并非处于绝对的支配地位。人类在农业中多处于“看护者”的地位，必须以生物所需要的指令为驱动，而不是以自身为中心。农业生产具有明显的季节性。由于投入瓶颈，农业生产的季节性往往限制了产量。由于农业生产具有自然生态的特点，雇用劳动就会产生劳动监督问题。雇用劳动是按工资支付的，对最终的收成不负责。为了保证雇工生产过程的效率和质量，应该对雇工的劳动实施监督。由于农业生产的高自然特性，农业劳动者的劳动与最终收成之间缺乏清晰的关联，雇工的劳动很难得到监督。尽管近年来的农业生产外包服务市场不断发展，在一定程度上缓解了农业劳动力要素的约束，但并不是所有的土地都适合农业机械经营，在很大程度上受到地域的限制。

6.1.2 农业资本市场与农村土地经营权流转市场的关联

完善的资本市场能降低流动性资本的影子价格，满足长期生产性资本的投资。我国农业资本市场存在的二元结构和信息不对称等问题使得我国农户融资难的问题始终没有得到很好的解决。受信贷资源制约、利益驱动、农业天然弱质性等因素的影响，农业信贷风险很大，金融机构倾向于把资金投向高收益行业，而对农户放贷的比例却很低。虽然弱监管渠道能够在某种程度上弥补这一缺陷，但是其融资成本非常高。在弱监管渠道，以亲缘、友缘为基础的网络体系限制了农户信贷的发生规模和范围。有限的信贷可得性和居高不下的信贷成本不利于农户参与农村土地经营权流转，对农户的要素配置优化造成了负面影响。资本市场的扭曲对农村土地经营权流转的影响主要体现在两个方面：一方面，资本市场扭曲推高了小农流动性资本的影子价格，不仅降低了农户的竞争力，还抵消了利用农业机械生产节约生产成本的优势；另一方面，资本市场扭曲无法满足农户的长期融资需求，导致长期性生产投资与农村土地经营权流转之间难以产生良性互动。

6.2 要素市场扭曲及空间溢出

要素合理配置对农业生产效率和要素市场发育具有决定性影响。农业现代化的重要指标是生产效率的最大化，而不是土地规模的占比。农业规模经营和规模农户的产生与要素市场的发育及匹配密切相关，不是由农村土地经营权流转市场单独决定的。我国不完全的要素市场可能严重制约了农村土地经营权流转效率，限制了农户高效利用土地，导致不同农户之间生产效率的差异性更加明显。在要素市场充分发育的情况下，农户可以通过要素市场来缓解农户的初始禀赋约束，但我国的资本市场和劳动力市场并未充分发育。根据农业要素契约的逻辑，农村市场化改革最先是稳定农地产权。农地及相关要素市场是一个以农地市场为中心，以农业劳动力市场和农业资本市场为辅助的相互联动的交易网络体系。如果完善了农业劳动力市场和农业资本市场，农村土地经营权流转市场就会做出相应的有效率的改进与正反馈。农业劳动力市场和农业资本市场的均衡价格信号会最终驱动农村土地经营权流转市场达到一般均衡状态，从而实现农村土地经营权流转市场的帕累托最优。

基于农地及相关要素市场的全局均衡逻辑，农村土地经营权流转市场的发育与改革是一个动态的制度变迁过程，因此农业劳动力市场和农业资本市场的局部制度改革可以驱动农村土地经营权流转市场的制度联动。在完全竞争市场中，生产边际转换率和消费替代率是相同的。如果不完全相等，则会产生扭曲。要素市场扭曲是指由市场不完善导致的生产要素资源在经济增长中并非最优配置，即要素的边际产品价值与自身价格之间发生偏差或背离。要素市场扭曲的原因主要有两方面：一是由市场不完善造成的内生扭曲；二是由政策造成的外生扭曲。农地及相关要素市场受到的政策限制较多，很容易发生政策性外生扭曲。劳动力、资本等要素市场扭曲在空间上则表现为空间配置失衡。由空间失衡带来的另一个影响是空间溢出效应。本地区的要素配置不仅会影响本地区的生产效率，还会影响周边地区的生产效率。

6.3 要素市场关联下流转效率损失的实证分析

6.3.1 要素市场关联下流转效率损失的数据及模型

1. 数据来源

受部分变量数据可获性的制约，本节选取了我国除西藏、香港、澳门、台湾以外的30个省（自治区、直辖市）2005—2020年的数据进行分析。数据分别来自历年的《中国统计年鉴》《中国农村统计年鉴》《中国农村政策与改革统计年报》《中国人口和就业统计年鉴》。为剔除物价水平变动的影响，本节以2005年为基期，采用价格指数对数据做平减处理。

2. 变量说明

1）核心变量

本节以农林牧渔业的总产值作为计算农村土地经营权流转效率的唯一产出变量，用以衡量30个省（自治区、直辖市）在2005—2020年的农村土地经营权流转总成果（以2005年为基期折算为可比价格），选择农村土地经营权流转面积、农业机械总动力、第一产业从业人员、化肥用量等四个方面的指标作为计算农村土地经营权流转效率的投入变量。对于核心解释变量要素市场扭曲，本节将其细化为劳动力市场扭曲（lab_dis）、资本市场扭曲（cap_dis），采用C-D生产函数估计 2005—2020 年我国 30 个省(自治区、直辖市)劳动力和资本要素市场扭曲。

2) 控制变量

除劳动力市场、资本市场扭曲等两个核心解释变量外,通过参考既往研究和变量的相关性,本节还分析了 8 个控制变量。它们具体包括经济程度(人均 GDP)、教育程度(就业人员高中以上教育程度占比)、财政支农(农林水支出占地方一般公共预算支出的比重)、产业结构(农林牧渔业产值占 GDP 的比重)、自然灾害(农作物受灾面积占农作物播种面积的比重)、粮食产量(人均粮食产量/全国人均粮食产量)、农机服务(单位播种面积上的农机服务人员)、城镇化程度等变量(城镇人口占比),具体见表 6-1。

表 6-1 变量统计

变量名称	变量解释	变量代码	均值	标准差	最小值	最大值
产出	农林牧渔业总产值/亿元	nycz	1 852.259 3	1 368.319 1	94.000 0	6 548.485 5
投入	农村土地经营权流转面积/万亩	lzmj	1 035.080 8	1 234.953 2	9.019 6	6 897.308 2
	农业机械总动力/万千瓦	nyjx	3 127.868 3	2 819.932 2	94.000 0	13 353.000 0
	第一产业从业人员/万人	cyry	876.404 1	630.636 4	37.090 0	3 139.000 0
	化肥用量/万吨	hfyl	184.483 6	141.941 5	5.500 0	716.090 0
资本投入存量	农林牧渔业固定资产投资/亿元	cap	76.839 8	69.839 3	0	512.700 0
经济程度	人均 GDP/万元	eco	3.412 7	2.157 2	0.537 6	13.037 0
教育程度	就业人员高中以上教育程度占比/%	edu	30.737 0	13.655 0	7.662 0	80.500 0
财政支农	农林水支出占地方一般公共预算支出的比重/%	fin	10.482 0	3.319 0	2.133 0	18.966 0

续表 6-1

变量名称	变量解释	变量代码	均值	标准差	最小值	最大值
产业结构	农林牧渔业产值占 GDP 的比重/%	ind	18.257 0	9.184 0	0.746 0	52.996 0
自然灾害	农作物受灾面积占农作物播种面积的比重/%	dis	20.687 0	14.912 0	0	93.561 0
粮食产量	人均粮食产量/全国人均粮食产量/(人/公顷)	gra	1.065 7	0.912 3	0.027 9	4.950 6
农机服务	单位播种面积上的农机服务人员/(人/公顷)	ams	0.538 2	0.279 5	0.054 7	1.378 0
城镇化程度	城镇人口占比/%	urb	54.533 0	14.002 0	26.870 0	89.600 0

3）要素市场扭曲程度描述性分析

从图 6-1 中可以看出，2005—2019 年我国劳动力市场扭曲系数普遍大于 1，而资本市场扭曲系数普遍小于 1，说明了从全国范围来看，我国农业劳动力市场

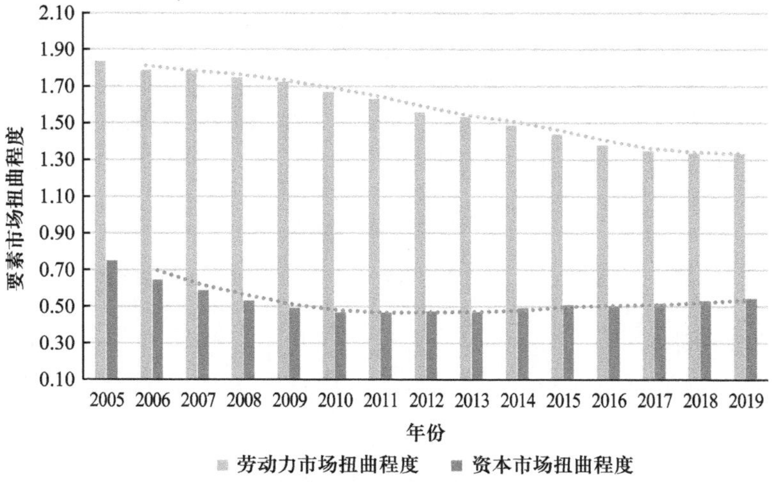

图 6-1 我国农业劳动力和资本要素市场扭曲程度趋势图

表现为供给过剩，而资本市场则表现为供给不足。从全国农业劳动力市场和资本市场扭曲程度的趋势线来看，劳动力市场和资本市场扭曲系数逐渐向 1 靠拢，说明劳动力市场和资本市场扭曲程度在逐年缩小。

从图 6-2 中可以看出，我国东部地区和西部地区的农业劳动力市场扭曲系数均大于 1，说明东部地区和西部地区的农业劳动力市场表现为供给过剩，其中西部地区的农业劳动力市场完善程度优于东部地区，而中部地区的农业劳动力市场扭曲系数小于 1，说明中部地区的农业劳动力市场表现为供给短缺。从时间趋势上来看，我国农业劳动力市场扭曲程度在逐年缩小，东部地区的农业劳动力市场扭曲改善程度高于中部地区和西部地区。从图 6-3 中可以看出，我国东部地区、中部地区和西部地区的农业资本市场扭曲系数均小于 1，说明我国东部地区、中部地区和西部的农业资本市场均表现为供给短缺，但东部地区的农业资本市场完善程度明显优于中部地区和西部地区。从时间趋势上来看，我国农业资本市场扭曲程度同样在逐年缩小。农业劳动力市场和资本市场扭曲程度在地区的差异在一定程度上说明了农业要素的空间配置失衡。

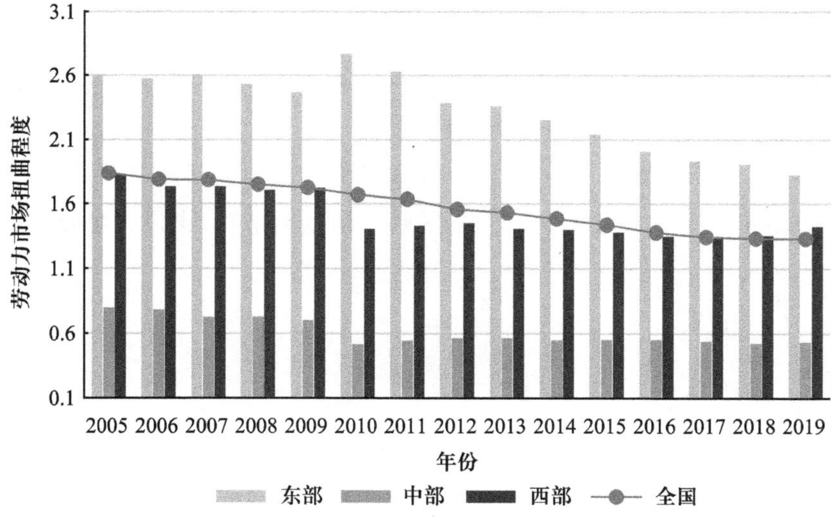

图 6-2　我国东中西部分地区农业劳动力要素市场扭曲程度

3. 模型设计

基于以上的理论分析发现，农村土地经营权市场发育可能与要素市场扭曲和空间配置相关。本节通过 DEA-Malmquist 指数评价农村土地经营权流转效率，利用 C-D 生产函数弹性测度要素市场扭曲程度的方法，对农业劳动力市场和

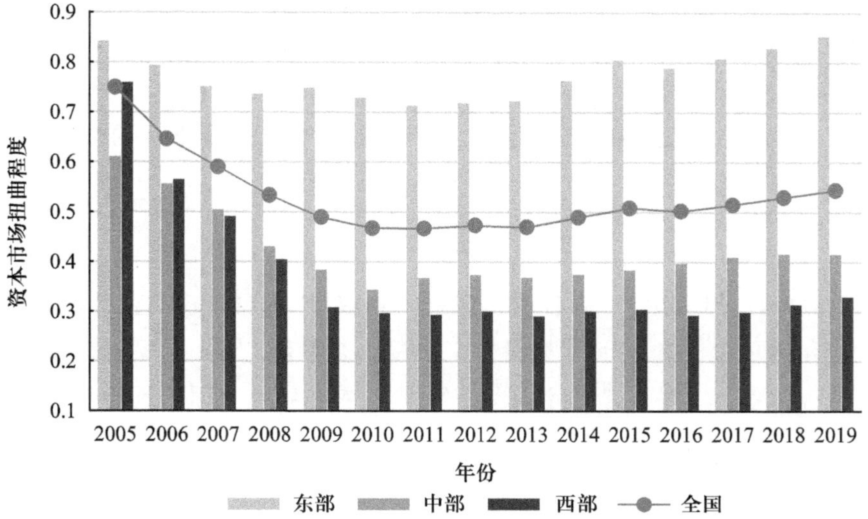

图 6-3 我国东中西部分地区农业资本要素市场扭曲程度

农业资本市场扭曲程度进行测度。本节选择空间计量模型，以农村土地经营权流转效率为被解释变量，以农业劳动力市场和农业资本市场扭曲程度为核心解释变量来研究由要素市场扭曲和空间配置失衡带来的农村土地经营权流转效率损失问题。

1）农村土地经营权流转效率的测算基本模型

本节借鉴了夏玉莲等计算农村土地经营权流转效率的方法，采用 DEA-Malmquist 指数评价农村土地经营权流转效率。由于 DEA 模型是非参数估计方法，函数形式无须对其进行先验假定，不需要进行参数估计，就可以有效避免参数方法需要严格设定生产函数形式的缺点，以 t 时期技术 T^t 为参照，基于产出角度的 Malmquist 指数利用公式可以表示为：

$$M_0^t(x_{t+1}, y_{t+1}, x_t, y_t) = d_0^t(x_{t+1}, y_{t+1}) / d_0^t(x_t, y_t) \tag{6-1}$$

为避免由时期选择的随意性所造成的差异，取 t 期和 $t+1$ 期的 Malmquist 指数的几何均值作为衡量从 t 期到 $t+1$ 期生产效率变化的 Malmquist 指数：

$$M_0^{t,t+1}(x_{t+1}, y_{t+1}, x_t, y_t) = \left[\frac{d_0^t(x_{t+1}, y_{t+1})}{d_0^t(x_t, y_t)} \times \frac{d_0^{t+1}(x_{t+1}, y_{t+1})}{d_0^{t+1}(x_t, y_t)}\right]^{1/2} \tag{6-2}$$

2）要素市场扭曲程度的测定的基本模型

测算市场扭曲程度的方法主要有生产函数法、随机前沿分析法和利润函数法等。本节借鉴陈永伟等利用C-D生产函数弹性测度要素市场扭曲程度的方法,对劳动力和资本市场扭曲程度进行测度。C-D生产函数形式简单,经过了反复理论验证。作为生产函数,它的可靠性强,避免了由估计参数过多带来的自由度不足、多重线性问题,因此本节假设生产函数为规模报酬不变的C-D生产函数,具体形式如下:

$$Y_{it}=AK_{it}^{\beta_{Ki}}L_{it}^{1-\beta_{Ki}} \tag{6-3}$$

公式(6-3)中,产出变量 Y_{it} 为各省(自治区、直辖市)的农林牧渔业产值,已折算为2005年的可比价格;劳动投入量 L_{it} 为各省(自治区、直辖市)第一产业从业人数;资本投入量 K_{it} 为各省(自治区、直辖市)的农林牧渔业固定资产投资。使用永续盘存法来计算,公式如下:

$$K_t=I_t+(1-\delta_t)K_{t-1} \tag{6-4}$$

公式(6-4)中,K_t 为当期的固定资本存量;I_t 为第 t 年的农林牧渔业固定资产投资(可比价格);δ 为折旧率,参考农业固定资本折旧惯例,取值为5.42%。通过回归计算各省(自治区、直辖市)资本产出弹性 β_{Ki},假定规模报酬不变,劳动产出弹性为 $\beta_{Li}=1-\beta_{Ki}$,然后代入公式(6-5)和公式(6-6)中,计算要素价格绝对扭曲系数:

$$\hat{\gamma}_{Ki}=\left(\frac{K_i}{K}\right)/\left(\frac{s_i\beta_{Ki}}{\beta_K}\right) \tag{6-5}$$

$$\hat{\gamma}_{Li}=\left(\frac{L_i}{L}\right)/\left(\frac{s_i\beta_{Li}}{\beta_L}\right) \tag{6-6}$$

公式(6-5)和公式(6-6)中,$s_i=\frac{y_i}{Y}$为地区 i 的农林牧渔业产值 y_i 占全国农林牧渔业产值 Y 的份额;$\beta_K=\sum_i^N s_i\beta_{Ki}$ 为加权的资本贡献值;$\frac{K_i}{K}$为地区 i 使用的资本占总资本的实际比例;$\frac{s_i\beta_{Ki}}{\beta_K}$为资本有效配置时,地区 i 使用资本的理论比例。

资本市场扭曲指数 τ_{Ki} 和劳动力市场扭曲指数 τ_{Li} 可由公式(6-7)和公式(6-8)表示:

$$\tau_{Ki}=\frac{1}{\gamma_{Ki}}-1 \tag{6-7}$$

$$\tau_{Li}=\frac{1}{\gamma_{Li}}-1 \tag{6-8}$$

3）要素空间配置测度的基础模型

为了研究要素市场扭曲对农村土地经营权流转效率的空间配置失衡机制以及空间溢出效应，本节选择空间计量模型。常见的空间计量模型有空间滞后模型（SAR）、空间杜宾模型（SDM）和空间误差模型（SEM）。它们的一般表达式分别为：

$$\text{空间滞后模型：}y_{it}=\lambda \boldsymbol{W}y_{it}+X_{it}\beta+\varepsilon_{it} \tag{6-9}$$

$$\text{空间杜宾模型：}y_{it}=X_{it}\beta+\boldsymbol{W}X_{it}\delta+\varepsilon_{it} \tag{6-10}$$

$$\text{空间误差模型：}\begin{cases}y_{it}=X_{it}\beta+u_{it}\\u_{it}=\rho Wu_{it}+\varepsilon_{it},\varepsilon_{it}\sim N(0,\sigma^2 I_n)\end{cases} \tag{6-11}$$

公式(6-9)至公式(6-11)中，y_{it} 为农村土地经营权流转效率；X_{it} 为要素市场扭曲等解释变量；$\boldsymbol{W}$ 为空间权重矩阵，本节使用的空间权重矩阵为反距离权重矩阵；λ、δ、ρ 为相应空间回归系数，如果空间回归系数为 0，则证明变量间不具有空间效应，可简化为一般的线性回归模型；ε 为随机误差项；u 为扰动项。为了避免内生性问题，本节将要素市场扭曲等解释变量滞后一期。

6.3.2 要素市场关联下流转效率损失的结果分析

1. 最优模型检验

本节使用了 OLS 模型和空间滞后模型（SAR）、空间误差模型（SEM）和空间杜宾模型（SDM）对样本进行估计、对比和分析，应确定最优的空间计量模型。本节采用的估计策略是进行 LM 检验和 LR 检验，相关检验结果如表 6-2 所示。LM 检验显示在 SAR 模型和 SEM 模型中应选择 SEM 模型。由于 LR 检验显示使用 SDM 模型无法退化为 SEM 模型，因此应使用 SDM 模型，然后经过 Hausman 检验，支持使用随机效应模型，采用随机效应模型进行分析。从表 6-2 的模型结果来看，空间杜宾模型的空间相关系数均显著且为正，这在一定程度上表明了本地区的农村土地经营权流转效率会受到周边地区相关因素的加权影响。经过赤池信息量准则的检验发现 SDM 模型的拟合效果为最优，因此本节选用空间杜宾模型（SDM）进行估计。

表 6-2 相关检验结果

相关检验	数值	p 值
全局莫兰检验	43 000	0.000
LM 检验(误差)	7.256	0.007
稳健 LM 检验(误差)	7.291	0.007
LM 检验(滞后)	0.007	0.931
稳健 LM 检验(滞后)	0.042	0.837
LR 检验(比较 SDM 和 SEM)	25.82	0.002
Hausman 检验	−52.81	—
空间回归系数	8.095 8(SAR)	0.931
	2 024.209 0(SEM)	0.008
	1 375.904 0(SDM)	0.048
AIC 值	−1 305.058(SAR)	—
	−1 311.551(SEM)	
	−1 323.366(SDM)	

2. 空间效应分解

本节将解释变量对农村土地经营权流转效率的总体效应分解为直接效应和间接效应两部分:直接效应用于捕捉影响因素对本地区产生的影响;间接效应用于捕捉影响因素对周边地区的影响。从表 6-3 可以看出,劳动力市场和资本市场扭曲均对流转效率的影响具有负向总效应,且至少在 0.05 的水平下显著。劳动力市场和资本市场扭曲抑制了农村土地经营权流转效率,且具有空间溢出效应。劳动力要素市场和资本要素市场扭曲不仅对本地区的农村土地经营权流转效率产生影响,劳动力要素市场和资本要素市场扭曲程度每提高 1 个百分点,农村土地经营权流转效率分别降低 0.005 4%、0.014 9%,而且对周边地区的农村土地经营权流转效率产生了影响,劳动力要素市场和资本要素市场扭曲程度每提高 1 个百分点,农村土地经营权流转效率分别降低 0.005 4%、0.031 9%。从空间效应分解来看,资本市场扭曲的间接效应甚至超过了直接效应。

经济程度对农村土地经营权流转效率产生了抑制作用。其可能的原因是经济发达的地区农业占比小,易发生劳动力、资本市场扭曲的现象。财政支农的直接效应在 0.01 的水平下显著且为正,说明财政支农对本地区的农村土地经营权流转效率具有积极作用。产业结构对农村土地经营权流转效率的总效应为正。总效应、直接效应和间接效应均在 0.05 的水平下显著,说明农林牧渔业的占比越高,农村土地经营权流转效率越高,且具有空间溢出效应,农林牧渔业占比高的地区往往具有空间集聚效应，对农村土地经营权流转效率的影响更加明显。

自然灾害对农村土地经营权流转的总效应和直接效应为负且均显著，说明自然灾害对农村土地经营权流转效率具有抑制作用。粮食产量对农村土地经营权流转效率的总效应和间接效应为负且显著，说明粮食产量越高的地区，农村土地经营权流转效率越低。其可能的原因是种植粮食作物的效率低于种植经济作物的效率。

农机服务对农村土地经营权流转效率的总效应和间接效应为负。其可能的原因是农机服务在一定程度上抑制了农户因缺少农业劳动力而转出农地的意愿，降低了农村土地经营权流转效率。

城镇化程度对农村土地经营权流转效率的总效应和直接效应为正且显著。其可能的原因是城镇化程度的提高带动了劳动力转移，进一步提高了农村土地经营权流转效率。

表 6-3 劳动力和资本市场扭曲对农村土地经营权流转效率的影响

变量名称	直接效应	间接效应	总效应
劳动力市场扭曲	−0.005 4***	−0.005 4***	−0.010 8***
	(0.001 7)	(0.001 8)	(0.003 1)
资本市场扭曲	−0.014 9**	−0.031 9*	−0.046 8**
	(0.007 0)	(0.019 3)	(0.019 0)
经济程度	−0.008 5***	−0.006 4	−0.014 9***
	(0.002 9)	(0.004 6)	(0.005 3)
教育程度	0.119 0*	0.165 1*	−0.284 1***
	(0.063 8)	(0.089 5)	(0.103 4)
财政支农	0.629 7***	−0.173 2	0.456 4
	(0.148 5)	(0.259 9)	(0.297 7)
产业结构	0.112 2**	0.415 2**	0.527 4**
	(0.048 5)	(0.176 5)	(0.208 3)
自然灾害	−0.070 2***	−0.092 3	−0.162 4**
	(0.016 8)	(0.059 4)	(0.064 0)
粮食产量	−0.001 6	−0.031 1*	−0.032 7*
	(0.004 6)	(0.018 4)	(0.017 7)
农机服务	0.018 4	−0.116 1***	−0.097 6**
	(0.014 3)	(0.042 1)	(0.046 5)
城镇化程度	0.204 2***	−0.025 3	0.178 9**
	(0.053 9)	(0.081 7)	(0.077 1)
p 值	1 375.903 7**	对数似然值	682.683 2
	(581.791 3)		

注：*、**、*** 分别表示在 0.1、0.05、0.01 水平下显著。

本节还通过剔除控制变量的方式进行了稳健性检验。稳健性检验的结果如表 6-4 所示。在剔除控制变量后，劳动力市场扭曲和资本市场的扭曲对农村土地经营权流转效率依然产生了显著的负向影响，证明结果具有稳健性。

表 6-4　劳动力市场扭曲和资本市场扭曲对农村土地经营权流转效率影响的稳健性检验

变量名称	直接效应	间接效应	总效应
劳动力市场扭曲	−0.001 0*** (0.000 8)	−0.002 3*** (0.000 8)	−0.003 3*** (0.001 5)
资本市场扭曲	−0.010 4*** (0.004 5)	−0.034 9*** (0.016 0)	−0.045 3*** (0.016 0)
ρ 值	389.009 6** (1 663.620 8)	对数似然值	624.480

注：**、*** 分别表示在 0.05、0.01 水平下显著。

3. 效率分解

表 6-5 将农村土地经营权流转效率进行了进一步分解。从农村土地经营权流转的全要素效率的分解效应来看，劳动力市场和资本市场扭曲影响主要集中于技术效率和技术进步效率。技术效率主要体现在间接效应和总效应，分别在 0.05 的水平下显著；技术进步效率主要体现在直接效应，在 0.05 的水平下显著。这说明了劳动力市场和资本市场扭曲抑制了技术效率，降低了资源要素间的协调性。这种表现主要体现在对周边地区的溢出效应上。劳动力市场扭曲程度每提高 1 个百分点，技术效率降低 0.008 8%，资本市场扭曲程度每提高 1 个百分点，技术效率降低 0.087 0%。劳动力市场和资本市场扭曲抑制了技术的创新及应用，这种表现主要体现在本地区范围内。劳动力市场扭曲程度每提高 1 个百分点，技术进步效率降低 0.002 5%，资本市场扭曲程度每提高 1 个百分点，技术进步效率降低 0.021 7%。

表 6-5　农村土地经营权流转效率的分解效应

效率分解	效应分解	劳动力市场扭曲	资本市场扭曲	p 值
技术效率	直接效应	−0.002 5 (0.002 8)	−0.009 3 (0.009 8)	4 577.981 0*** (580.517 8)
	间接效应	−0.008 8** (0.004 2)	−0.087 0** (0.042 1)	
	总效应	−0.011 3** (0.006 5)	−0.096 4** (0.048 3)	

续表 6-5

效率分解	效应分解	劳动力市场扭曲	资本市场扭曲	p 值
纯技术效率	直接效应	−0.000 8 (0.001 5)	−0.005 4 (0.005 0)	548.183 9 (716.816 6)
	间接效应	−0.001 9 (0.001 5)	−0.013 2 (0.015 7)	
	总效应	−0.002 8 (0.002 8)	−0.018 6 (0.017 2)	
规模效率	直接效应	−0.000 6 (0.002 7)	−0.002 9 (0.009 5)	4 445.703 0*** (602.441 9)
	间接效应	−0.004 4 (0.003 8)	−0.061 1 (0.039 7)	
	总效应	−0.005 0 (0.006 1)	−0.060 (0.045 6)	
技术进步效率	直接效应	−0.002 5** (0.002 5)	−0.021 7** (0.009 7)	6 050.612 0*** (400.191 8)
	间接效应	−0.008 2 (0.005 0)	−0.063 1 (0.048 6)	
	总效应	−0.010 7 (0.007 2)	−0.084 8 (0.056 1)	

注：**、*** 分别表示在 0.05、0.01 水平下显著。

本章从要素市场扭曲的角度分析了我国农村土地经营权流转市场发育的关联逻辑及作用机制。在此基础上，本章利用 2005—2020 年的农业经济数据，运用空间计量模型验证了农业劳动力市场和资本市场扭曲对农村土地经营权流转效率的影响，得出了几点结论：一是农业劳动力市场和资本市场的发育会影响农村土地经营权流转市场，主要体现在劳动力市场和资本市场扭曲降低了农村土地经营权流转效率；二是农业生产要素空间失衡会造成周边地区农村土地经营权流转效率的损失，具有空间溢出效应；三是根据农村土地经营权流转的全要素生产率分解来看，劳动力市场和资本市场扭曲的直接效应主要体现在技术进步效率损失，间接效应主要体现在技术效率损失。劳动力市场和资本市场扭曲直接影响了本地区的技术革新，间接影响了周边地区的资源要素之间的协调性，最终造成了农村土地经营权流转效率的损失。

第7章 农地市场与劳动力

本章拟探究的问题是劳动力转移和结构变化对农村土地经营权流转市场作用如何？在农业劳动力市场，劳动力转移距离的增加会促进农村土地经营权转出。劳动力结构中的“老龄化、女性化、兼业化”会抑制农村土地经营权流转效率对农业全要素生产率的拉动效应。本章将在理论分析和研究结果的基础上，运用 Logit 模型、调节效应模型，分析劳动力转移和结构变化对农村土地经营权流转的影响。

7.1 劳动力转移与劳动力结构变化

7.1.1 劳动力转移对农村土地经营权流转的影响

自改革开放以来，我国城镇化水平快速提升，大量人口从农村流入城市，从农业部门转移到非农部门就业。多项研究证实，我国自 2003 年以来已经跨越了刘易斯拐点，农村劳动力过剩时代已经结束。目前，我国劳动力流动存在季节性流动、循环流动和永久性流动等多种形式。由于出行成本和联通成本的降低，时间和距离的障碍不再阻碍流动人口在始发地和定居地之间保持联系，循环流动现已成为我国劳动力流动的主要特征。然而，一旦流动人口流动距离较远，流动人口将成为永久流动人口，这些流动农民将不再从事农业。随着农地要素功能的增强和就业市场的发展，具有较强务农意愿和能力的农村劳动力将继续务农。农地的经营规模是通过农村土地经营权流转实现的。更有意愿和技能的农村劳动力会选择到城镇或非农部门工作，从而可能通过农村土地经营权流转实现农地资产价值。

7.1.2 劳动力结构变化对农村土地经营权流转的影响

由劳动力结构变化导致的土地与劳动力要素不自洽现象可能会抑制农业全

要素生产率的发展。这种要素不自洽在当前表现为农业劳动力在数量和质量上的供给不足。它的主要原因是当前我国农业劳动力“老龄化、女性化、兼业化”等变化使得农村土地经营权流转后仍然缺乏合适的劳动力进行农业生产，反而不利于农业全要素生产率的提高。在理想状态下，如果农村土地经营权流转市场和劳动力市场均为完善的要素配置市场，农户可以在市场中找到与农地规模相适应的农业劳动力，此时不会出现要素不自洽的问题。反之，当农业劳动力市场出现变化时，如果当前农业劳动力“老龄化、女性化、兼业化”等现象导致了农业劳动力数量减少及质量下降、农业劳动力供给减少和农业劳动力价格上涨，则会出现要素不自洽。要素不自洽会有损农业全要素的生产率。其具体表现为农户减少农村土地经营权流转需求，降低生产中的土地成本，抑制农村土地经营权流转对全要素生产率的作用。

7.2 劳动力转移对农村土地经营权流转市场影响的实证分析

7.2.1 数据及模型

1. 数据来源

本节研究数据来源于中国土地经济调查(China Land Economic Survey，CLES)。该调查项目于2020年完成了基线调研。基线调研范围覆盖江苏省13个地级市，每个地级市调查2个县，每个县调查2个村，共计52个行政村、2 600户农户。2021年完成了二轮调研，通过样本筛选，剔除存在缺失值的样本，共保留了2020年、2021年两年3 658个样本，形成了混合截面数据。江苏省农村土地经营权流转市场活跃，2021年家庭承包耕地流转面积占比为62.72%，仅次于上海市和北京市，具有较强的典型性。

2. 变量说明

1) 被解释变量和解释变量

本节选用农户是否进行农村土地经营权转出和农村土地经营权转出率作为农村土地经营权转出变量，农村土地经营权转出率以农村土地经营权转出面积占经营面积的比例来表示。以劳动力转移变量作为核心解释变量，劳动力转移变量以农业劳动力转移占比、农业劳动力转移距离进行表征。本节将农业劳动力转移按距离划分为本乡镇、本乡镇外县内、县外省内、外省、境外等5种类型，分别赋值 1,2,3,4,5。

农业劳动力转移距离＝(乡镇内劳动力转移占比×1)＋(乡外县内劳动力转移占比×2)＋(县外省内劳动力转移占比×3)＋(外省劳动力转移占比×4)＋(境外劳动力转移占比×5)。

本节还将农业劳动力转移占比分为了低、中、高不同的转移程度，以验证不同农业劳动力转移程度对农村土地经营权转出的影响。

2) 控制变量

本节选用了家庭特征变量、土地特征变量、村庄特征变量作为模型的控制变量。家庭特征变量包括户主性别、户主年龄、户主受教育程度、户主是否接受过非农就业培训和家庭现金及存款情况；土地特征变量包括农地完整度、人均家庭经营面积和农地确权；村庄特征变量包括村庄位置、村庄人均纯收入、村庄耕地流转面积占比和村庄地形。变量详见表 7-1。

表 7-1 变量统计

变量	定义与赋值	变量代码	均值	标准差	最小值	最大值
被解释变量						
农村土地经营权转出	农户参与农村土地经营权转出＝1;没有参与＝0	landout	0.576 3	0.494 2	0	1
农村土地经营权转出率	农村土地经营权转出面积/耕地经营面积/%	landout_rate	47.380 0	44.710 0	0	100
解释变量						
劳动力转移变量						
农业劳动力转移占比	农业劳动力转移人数占家庭劳动力人数的比例/%	labor_transfer	37.630 0	27.480 0	0	100
低(小于33.33%)	是＝1;否＝0	low	0.352 7	0.477 9	0	1
中(33.33%～66.67%)	是＝1;否＝0	mid	0.483 6	0.499 8	0	1
高(66.67%～100%)	是＝1;否＝0	high	0.163 8	0.370 1	0	1
农业劳动力转移距离	农户外出务工距离的加权处理	labor_distance	0.717 3	0.605 3	0	4

续表 7-1

变量	定义与赋值	变量代码	均值	标准差	最小值	最大值
控制变量						
家庭特征变量						
户主性别	男=1;女=0	gender	0.927 3	0.259 7	0	1
户主年龄	岁	age	63.161 3	10.069 9	18	98
户主受教育程度	在校时间/年	edu	7.109 9	3.636 8	0	20
户主是否接受过非农就业培训	是=1;否=0	train	0.123 0	0.328 5	0	1
家庭现金及存款情况	现金及存款金额加 1 后取对数	deposit	9.150 1	2.954 1	0	16.118 1
土地特征变量						
农地完整度	耕地面积/地块数/(亩/块)	integrity	1.801 9	5.268 0	0.001 0	300
人均家庭经营面积	亩	land_per	1.724 0	7.181 1	0.004 0	350
农地确权	未确权=0;已确权=1	right	0.939 3	0.238 8	0	1
村庄特征变量						
村庄位置	村庄到县城的距离/千米	village_location	20.386 3	15.448 6	2	90.6
村庄人均纯收入	全村人均纯收入取对数	village_income	9.866 1	0.570 1	7.495 5	10.784 0
村庄耕地流转面积占比	村庄耕地流转面积/耕地总面积/%	village_transfer	45.860 0	34.120 0	0	100
村庄地形	平原=1;非平原=0	village_terrain	0.877 0	0.328 5	0	1

3. 模型设计

为了验证“劳动力转移的空间距离越远、规模越大,农户越倾向于转出农地”,本节构建以下农户的农村土地经营权流转决策模型:

$$Y_i = a_0 + a_1 L_i + \sum_{n=1} \lambda_1 X_{ni} + \varepsilon_i \tag{7-1}$$

公式(7-1)中，被解释变量 Y_i 表示农户 i 的农村土地经营权转出行为，采用是否进行农村土地经营权转出和农村土地经营权转出率两个指标进行刻画。本节使用农村土地经营权转出面积占农户经营面积的比重来表示农村土地经营权转出率。由于是否进行农村土地经营权转出为 0,1 变量，本节使用 Logit 模型估算劳动力转移变量对农村土地经营权转出的影响，使用 OLS 模型估算劳动力转移变量对农村土地经营权转出率的影响，以劳动力转移变量对农村土地经营权转出率的影响作为稳健性检验。解释变量 L_i 表示农业劳动力转移的相关变量，包括农业劳动力转移占比、农业劳动力转移距离和农业劳动力转移程度；X_{ni} 表示控制变量，包括农户家庭变量、土地特征变量、村庄特征等变量；ε_i 表示随机误差项；a_0 为常数项；a_1、λ_1 表示主要解释变量和控制变量的待估参数。

7.2.2 结果分析及稳健性检验

1. 结果分析

本节利用相对风险比来说明农业劳动力转移对农户农村土地经营权转出的影响。相对风险比是指自变量每变化 1 个单位，选择项发生相对于参照组的概率。如表 7-2 所列，从模型 1 的结果来看，农业劳动力转移占比对农村土地经营权转出具有正向影响作用，且在 0.01 的水平下显著，即农业劳动力转移占比每增加一个单位，农户转出经营权的概率比提高 82.72%，农业生产受到的劳动力约束越强，农户进行农村土地经营权转出的可能性越大。从模型 2 的结果可以看出，农业劳动力转移距离对农村土地经营权转出具有正向影响作用，且在 0.01 的水平下显著，即农业劳动力转移距离每增加一单位，农户转出经营权的概率比提高 17.93%，劳动力远距离转移会增加农村土地经营权转出的可能性。这些模型结果表明农户家庭中的劳动力转移规模越大，转移距离越远，农户家庭的劳动力禀赋就会越弱，此时农户更倾向于转出农村土地经营权来获取租金。从模型 3 的结果可以看出，将劳动力转移程度划分为低、中、高 3 组，以农业劳动力转移程度低为参照组。这个模型结果表明中等程度的农业劳动力转移对农户的农村土地经营权转出行为没有显著影响，而高等程度的农业劳动力转移对农村土地经营权转出具有正向影响作用，且在 0.01 的水平下显著，说明农业劳动力转移对农户的农村土地经营权转出行为存在“门槛效应”，即只有当农业劳动力转移达到一定比例时，它才会对农村土地经营权转出产生影响。

表 7-2 农业劳动力转移对农户农村土地经营权转出的影响

变量	农业劳动力转移占比 模型 1	农业劳动力转移距离 模型 2	农业劳动力转移程度 模型 3
农业劳动力转移占比	1.829 7*** (0.262 3)	—	—
农业劳动力转移距离	—	1.179 3*** (0.071 5)	—
转移中等程度	—	—	1.142 6 (0.094 5)
转移高等程度	—	—	1.718 4*** (0.203 9)
户主性别	0.778 6* (0.113 1)	0.771 4* (0.111 2)	0.782 1* (0.113 9)
户主年龄	1.034 1*** (0.004 4)	1.032 8*** (0.004 4)	1.034 7*** (0.004 5)
户主受教育程度	1.038 2*** (0.011 7)	1.039 8*** (0.011 7)	1.039 0*** (0.011 7)
户主非农就业培训	1.286 6** (0.157 3)	1.313 6** (0.160 7)	1.277 0** (0.157 2)
家庭现金及存款情况	0.982 7 (0.012 5)	0.986 1 (0.012 4)	0.982 6 (0.012 5)
农地完整度	0.981 0 (0.115 6)	0.979 3 (0.115 9)	0.981 7 (0.115 8)
人均家庭经营面积	0.989 7** (0.004 9)	0.989 4** (0.004 9)	0.988 5** (0.005 6)
农地确权	1.764 9*** (0.264 7)	1.742 0*** (0.257 9)	1.763 6*** (0.265 4)
村庄位置	1.005 9* (0.003 2)	1.005 5* (0.003 2)	1.005 7* (0.003 2)
村庄人均纯收入	0.965 8 (0.077 0)	0.984 5 (0.078 5)	0.963 4 (0.077 0)
村庄耕地流转面积占比	15.131 2*** (2.200 0)	15.007 3*** (2.174 7)	15.264 9*** (2.221 6)
村庄地形	0.665 1*** (0.078 1)	0.658 8*** (0.077 2)	0.663 3*** (0.078 0)
常数项	0.049 2*** (0.045 2)	0.049 0*** (0.045 1)	0.052 2*** (0.048 0)

续表 7-2

变量	农业劳动力转移占比 模型 1	农业劳动力转移距离 模型 2	农业劳动力转移程度 模型 3
wald chi2(13)	540.20***	540.38***	542.55***
Pseudo R^2	0.140 7	0.138 3	0.141 4
预测正确率/%	72.03	71.95	71.87
观测值	3 658	3 658	3 658

注：报告结果为概率比。

*、**、*** 分别表示在 0.1、0.05、0.01 水平下显著。

从控制变量来看，在家庭特征变量中，户主性别对农村土地经营权转出产生了显著的负向影响，男性户主比女性户主进行农村土地经营权转出的概率降低了 22.14%。户主年龄、户主受教育程度、户主非农就业培训均对农村土地经营权转出产生了显著的正向影响。户主年龄每提高 1 岁，农户的农村土地经营权转出概率比就提高 3.41%，户主受教育程度每提高 1 年，农户的农村土地经营权转出概率比就提高 3.82%，受过非农就业培训的户主进行农村土地经营权转出的概率比未受过非农就业培训的户主提高了 28.66%。在土地特征变量中，人均家庭承包经营面积对农村土地经营权转出行为产生了显著的负向影响。人均家庭承包经营面积每提高 1 亩，农村土地经营权转出行为就降低 1.73%。农地确权对农村土地经营权转出具有显著的促进作用，已农地确权农户进行农村土地经营权转出的概率是未进行农地确权农户的 1.76 倍。在村庄特征变量中，村庄位置、村庄流转情况对农村土地经营权转出具有促进作用。村庄到县城的距离每提高 1 千米，农户进行农村土地经营权转出的概率比就提高 0.59%，村庄耕地流转面积占比每提高 1 单位，农户进行农村土地经营权转出的概率比就提高 14.13 倍。村庄地形对农村土地经营权转出产生了显著的负向作用，平原地区的农村土地经营权转出的概率比非平原地区低 33.49%。

2. 稳健性检验

本节还进一步研究了农业劳动力转移变量对农村土地经营权转出率的影响。作为稳健性检验，使用 OLS 模型估计农业劳动力转移变量对农村土地经营权转出率的影响，结果见表 7-3。农业劳动力转移占比对农村土地经营权转出率具有显著的正向影响，说明农业劳动力转移人数越多，农户从事农业生产的可能性就越小，农村土地经营权转出的规模就越大。农业劳动力转移距离对农村土地经营权转出率具有显著的正向影响，说明农业劳动力转移距离越远，农户进行农村土地经营权转出的规模就越大。值得注意的是，中等农业劳动力转移程度对农村土地经营权转出率未产生影响，而高等农业劳动力转移程度对农村土地经营权转出率具有显著的正向影响，说明农业劳动力转移对农户的农地转出规模具有“门槛效应”。只有当农户中的劳动力转移达到一定程度时，才会对农村土地经营权流转规模产生影响。这一结果与使用 Logit 模型估计农业劳动力转移变量对农村土地经营权转出率的影响结果一致。通过替换被解释变量和变换模型，研究结果进一步增强了稳健性。

表 7-3　农业劳动力转移对农户农村土地经营权转出率的影响

变量名称	农业劳动力转移占比 模型 4	农业劳动力转移距离 模型 5	农业劳动力转移程度 模型 6
农业劳动力转移占比	0.146 3*** (0.025 8)	—	—
农业劳动力转移距离	—	0.038 0*** (0.011 0)	—
中等农业劳动力转移程度	—	—	0.035 4 (0.014 7)
高等农业劳动力转移程度	—	—	0.133 9*** (0.021 1)
控制变量已控制模型评价	$F(13,3\,644)=40.17$** $R^2=0.193\,3$	$F(13,3\,644)=38.59$*** $R^2=0.188\,2$	$F(13,3\,644)=37.64$*** $R^2=0.195\,1$

注：**、*** 分别表示在 0.05、0.01 水平下显著。

7.3　劳动力结构变化对农村土地经营权流转市场影响的实证分析

7.3.1　数据及模型

1. 数据来源

考虑到农村土地经营权流转政策发布节点可能会对农村土地经营权流转水平产生影响①，本节选取 2005—2020 年中国 30 个省（自治区、直辖市）②的农村土

① 2005 年是农村土地经营权流转发展的一个重要节点。随着《农村土地承包经营权流转管理办法》的发布，往后我国针对农村土地经营权流转的政策日益成熟且规范，我国农村土地经营权流转水平不断提升。

② 考虑到数据的可获得性和连续性，不包括香港特别行政区、澳门特别行政区、我国台湾地区以及西藏自治区。

地经营权流转与农业生产相关指标建立面板数据。数据来源主要包括历年的《中国统计年鉴》《中国农村统计年鉴》《中国人口和就业统计年鉴》、各省级统计年鉴和《中国农村经营管理统计年报》等。

2. 变量选取与解释说明

1）被解释变量

基于前文运用DEA-Malmquist模型测算得到的农业全要素生产率。

2）解释变量

农村土地经营权流转水平选用家庭承包耕地流转总面积与家庭承包耕地面积的比值来表示。

3）调节变量

农业劳动力结构采用"老龄化、女性化、兼业化"三个指标进行表征。综合和借鉴现有文献的研究结果，农业劳动力结构老龄化用"农村65岁及以上人口占15岁以上人口的比重"表示；农业劳动力结构女性化用"农村15岁以上人口中女性所占的比重"表示；农业劳动力兼业化用"农村居民人均工资性收入占农村居民人均可支配收入的比重"表示。

4）控制变量

结合现有研究，本节选择其他影响农业全要素生产率的因素作为控制变量：①自然灾害，即农作物受灾面积与农作物播种总面积的比值，反映农业生产环境的恶化程度。②劳均机械投入，即农业机械总动力与第一产业从业人数的比值。③人力资本含量，即农村劳动力的平均受教育年限。④财政支农力度，即农业财政支出占财政总支出的比重，用以衡量农业政策对农业的扶持力度。⑤农村经济发展水平，即农村居民人均可支配收入的自然对数值。⑥区域社会发展水平，即年末城镇人口的比重（即城市化率）。

主要变量说明如表7-4所列。

表7-4 主要变量说明

变量分类	变量名称	变量说明	均值	标准差	最小值	最大值
被解释变量	农业全要素生产率（TFP）	通过DEA-Malmquist模型计算所得	1.047	0.050	0.832	1.400
解释变量	农村土地经营权流转水平（FD）	家庭承包耕地流转总面积占家庭承包经营耕地面积的比重	0.247	0.177	0.014	0.911

续表 7-4

变量分类	变量名称	变量说明	均值	标准差	最小值	最大值
调节变量	老龄化	农村 65 岁及以上人口占 15 岁以上人口的比重	0.163	0.059	0.070	0.446
	女性化	农村 15 岁以上人口中女性所占的比重	0.490	0.012	0.431	0.533
	兼业化	农村居民人均工资性收入占农村居民人均可支配收入的比重	0.401	0.135	0.093	0.763
控制变量	自然灾害	农作物受灾面积与农作物播种总面积的比值	0.193	0.143	0.006	0.695
	区域社会发展水平	年末城镇人口的比重	0.558	0.137	0.275	0.896
	人力资本含量	农村劳动力的平均受教育年限	7.614	0.651	5.48	9.731
	劳均机械投入	农业机械总动力与第一产业从业人数的比值	3.960	2.008	0.812	12.590
	财政支农力度	农业财政支出占财政总支出的比重	0.105	0.039	0.011	0.276
	农村经济发展水平	农村居民人均可支配收入的自然对数值	9.052	0.595	7.593	10.460

3. 计量模型设定

1）基准回归模型

本节以农业全要素生产率指数作为被解释变量，农村土地经营权流转水平作为解释变量以及其他影响农业全要素生产率的因素作为控制变量构建农村土地经营权流转的全要素生产率静态面板模型[公式(7-2)]。考虑到农村土地经营权流转和农业全要素生产率两者之间可能存在由逆向因果关系导致的内生性问题，同时由于当前农村土地经营权流转市场并不完善，农村土地经营权流转水平对农业全要素生产率的发展可能存在一定的滞后期。因此，本节将被解释变量滞后一期作为工具变量纳入方程中构建农村土地经营权流转的全要素生产率动态面板模型[公式(7-3)]，以考察农村土地经营权流转对农业全要素生产率的影响是否存在滞后效应。基于系统 GMM 模型能克服弱工具变量、有效解决模型内生问题的优点，本节拟采用系统 GMM 模型对动态面板模型进行估计。

$$TFP_{it}=\alpha_0+\alpha_1 FD_{it}+\gamma X_{it}+\mu_i+\sigma_t+\varepsilon_i \tag{7-2}$$

$$TFP_{it}=\alpha_0+\alpha_1 TFP_{i,t-1}+\alpha_2 FD_{it}+\gamma X_{it}+\mu_i+\sigma_t+\varepsilon_i \tag{7-3}$$

公式(7-2)和公式(7-3)中，TFP_{it} 为被解释变量，表示各省（自治区、直辖市）i 在 t 年的农业全要素生产率；$TFP_{i,t-1}$ 为滞后一期的影响效应；FD_{it} 为解释变量，表示农村土地经营权流转水平；X_{it} 为模型的控制变量；ε_i 为随机误差项；μ_i 和 σ_t 分别为省（自治区、直辖市）哑变量和年份哑变量，以控制省际效应和时间效应；α、α_1、α_2 为模型待估参数。

2）调节效应模型

为了检验不同农业劳动力结构变化对农村土地经营权流转的全要素生产率的影响，本节将农业劳动力结构作为调节变量，在公式(7-3)的基础上进一步引入农村土地经营权流转水平和农业劳动力结构的交互项建立调节效应模型[公式(7-4)]。其中，$Labor_{it}$ 是农业劳动力结构，包括老龄化（Old_{it}）、女性化（Sex_{it}）和兼业化（Ptf_{it}）三个指标；$FD_{it}\times Labor_{it}$ 是农村土地经营权流转水平和农业劳动力结构的交互项，直接反映农业劳动力结构对农村土地经营权流转的全要素生产率的调节作用，其余代码含义与公式(7-3)一致，具体模型如下：

$$TFP_{it}=\alpha_0+\alpha_1 TFP_{i,t-1}+\alpha_2 FD_{it}+\alpha_3 FD_{it}\times Labor_{it}+\gamma X_{it}+\mu_i+\sigma_t+\varepsilon_i \tag{7-4}$$

7.3.2 结果分析与稳健性检验

1. 农村土地经营权流转的全要素生产率全样本分析

本节通过构建静态面板模型和动态面板模型分析农村土地经营权流转的全要素生产率，分别用固定效应模型①和系统 GMM 模型进行测算，具体模型结果如表 7-5 所列。系统 GMM 模型需要满足“扰动项无自相关的假设”，即 AR(1) 检验 p 值<0.1，AR(2)检验 p 值>0.1。表 7-5 中的第 4 列、第 5 列 AR(1)检验 p 值<0.1，AR(2)检验 p 值>0.1，因此满足“扰动项无自相关的原假设”，同时 Hansen 检验的 p 值均大于 0.1，表明工具变量有效，说明了模型设定的合理性与工具变量的有效性。

---

① 通过运用 Hausman 检验，确定固定效应为优选模型。

表 7-5　农村土地经营权流转的全要素生产率模型结果

变量名称	静态面板		动态面板	
	固定效应 模型 1	固定效应 模型 2	系统 GMM 模型 3	系统 GMM 模型 4
农村土地经营权流转水平	0.022*** (8.71)	0.012* (1.86)	0.023*** (6.04)	0.019* (1.78)
自然灾害	—	−0.045** (−2.26)	—	−0.038* (−1.82)
区域社会发展水平	—	0.050 (0.37)	—	−0.014 (−0.15)
人力资本含量	—	−0.004 (−0.34)	—	−0.040* (−1.92)
劳均机械投入	—	0.007*** (2.96)	—	0.013** (2.32)
财政支农力度	—	0.090 (1.15)	—	0.047 (0.53)
农村经济发展水平	—	0.138** (2.55)	—	−0.025 (−0.29)
常数项	0.084*** (17.20)	−1.073*** (−2.65)	0.086*** (9.99)	0.346** (2.27)
观测值	450	450	420	420
省(自治区、直辖市)数量	30	30	30	30
R^2	0.153	0.285	—	—
Wald 检验	—	—	136.53 (0.000)	720.04 (0.000)
AR(1)	—	—	−2.75 (0.006)	−2.61 (0.009)
AR(2)	—	—	−0.90 (0.369)	−0.73 (0.466)
Hansen 检验	—	—	22.47 (0.212)	20.29 (0.161)

注：*、**、*** 分别表示在 0.1、0.05、0.01 水平下显著。

根据表 7-5 中的第 2 列、第 3 列为固定效应模型估计结果。在没有引入控制变量时，当期的农村土地经营权流转水平会对农业全要素生产率产生正向影响，影响系数为 0.022。在引入控制变量后,农村土地经营权流转的全要素生产率增长效应的影响系数明显减小,但增长效应依然显著,说明当期的农村土地经营权流转对农业全要素生产率的发展具有促进作用。根据表 7-5 中第 4 列、第 5 列的系统 GMM 模型结果,滞后一期的农村土地经营权流转水平对农业全要素生产率发挥了促进作用。其具体表现为滞后一期的农村土地经营权流转水平每提高 1%,就可以促进当期的农业全要素生产率提高 0.023%。在引入控制变量后,增长效应依然显著。

通过对比固定效应模型和系统 GMM 模型的估计结果,当期的农村土地经营权流转水平和滞后一期的农村土地经营权流转水平对农业全要素生产率的提高都发挥了明显的促进作用。在引入控制变量后,系统 GMM 模型中的农村土地经营权流转对农业全要素生产率的影响系数为 0.019。影响系数明显高于固定效应模型的估计结果,说明滞后一期的农村土地经营权流转水平对农业全要素生产率的提高具有更明显的促进作用,农村土地经营权流转的农业全要素生产率增长效应存在一定的滞后期。

根据表 7-5 中模型 4 的估计结果,在控制变量方面,自然灾害对农业全要素生产率的提高具有明显负向影响,边际影响系数为−0.038。农业受灾面积占比越大,说明农业生产自然条件较差,不利于增加农业产出,从而抑制农业全要素生产率的提高。人力资本含量的提高在 0.1 的显著性水平下会负向抑制农业全要素生产率的发展,边际影响系数为−0.040,说明农业劳动力素质提高可能会抑制农业全要素生产率的发展。其可能的原因是农民受教育程度的提高有助于提高农民的平均素质,进而加强农民外出务工的素质与竞争力,在一定程度上导致了农业劳动力的流失,降低了农民务农的可能性,不利于农业全要素生产率的提高。劳均机械投入对农业全要素生产率的边际影响系数为 0.013,在 0.05 的显著性水平下会正向促进农业全要素生产率的发展,说明劳均机械的提高能够促进农业全要素生产率的发展。

2. 农村土地经营权流转的全要素生产率区域差异分析

考虑到不同省(自治区、直辖市)的农村土地经营权流转水平具有明显差异,为检验农村土地经营权流转的农业全要素生产率是否具有区域异质性,本研究结合我国粮食产区进行划分,选择粮食主产区和非粮食主产区进行样本对比,用固定效应模型和系统 GMM 模型进行实证分析,模型估计结果如表 7-6 所列。

表 7-6 不同粮食产区农村土地经营权流转的全要素生产率实证结果

变量名称	粮食主产区		非粮食主产区	
	固定效应模型 5	系统 GMM 模型 6	固定效应模型 7	系统 GMM 模型 8
农村土地经营权流转水平	0.020**	0.032**	0.006	0.022*
	(2.35)	(2.33)	(0.68)	(1.95)
自然灾害	−0.058**	−0.086*	−0.022	−0.047*
	(−2.24)	(−1.83)	(−0.75)	(−1.93)
区域社会发展水平	0.107	−0.295	0.476***	−0.127
	(0.60)	(−0.87)	(2.73)	(−1.07)
人力资本含量	−0.021	−0.096*	−0.005	−0.021
	(−1.14)	(−1.66)	(−0.34)	(−1.00)
劳均机械投入	0.008***	0.201	0.004	0.012
	(2.69)	(1.03)	(0.80)	(1.47)
财政支农力度	0.312**	0.008*	0.009	0.066
	(2.00)	(1.72)	(0.09)	(0.50)
农村经济发展水平	0.259***	0.018	−0.029	0.007
	(3.72)	(0.63)	(−1.26)	(0.18)
常数项	−1.952***	0.919**	0.071	0.270
	(−3.52)	(2.15)	(0.48)	(1.64)
观测值	195	182	255	238
省(自治区、直辖市)数量	13	13	17	17
R^2	0.480	—	0.190	—
Wald 检验	—	1 046.31	—	215.98
		(0.000)		(0.000)
AR(1)	—	−2.20	—	−2.24
		(0.028)		(0.025)
AR(2)	—	−1.60	—	−0.27
		(0.110)		(0.791)
Hansen 检验	—	7.33	—	12.70
		(1.000)		(0.471)

注：*、**、*** 分别表示在 0.1、0.05、0.01 水平下显著。

结合表 7-6 中的粮食主产区系统 GMM 模型 6、非粮食主产区系统 GMM 模型 8 估计结果，在粮食主产区和非粮食主产区层面，农村土地经营权流转的农业全要素生产率增长效应仍然显著，但是影响系数存在明显差异。粮食主产区的农村土地经营权流转对农业全要素生产率的正向促进作用比非粮食主产区更强。可能的原因是相对于非粮食主产区而言，粮食主产区具有更为优越的自然条件和丰富的农业资源，农村土地经营权流转的发展有助于进一步发挥粮食主产区的农业资源优势，以利于农业机械的运用，也为规模化、集约化经营创造了条件，从而促进农业全要素生产率的提高；而非粮食主产区的农业生产自然条件相对复杂，农业生产资源与粮食主产区的相比有所不足。由于受到农业生产条件的约束，非粮食主产区的农村土地经营权流转对农业全要素生产率的促进作用反而会有所削弱。

3. 调节效应

为衡量农业劳动力结构对农村土地经营权流转的农业全要素生产率的调节作用，进一步将农业劳动力结构分解为“老龄化、女性化、兼业化”三个维度，以作为调节变量来分析不同农业劳动力结构对农村土地经营权流转的农业全要素生产率增长效应的影响差异，研究不同农业劳动力结构在其中发挥的调节作用。

通过纳入农村土地经营权流转水平与农业劳动力结构的交互项来表征农业劳动力结构在其中发挥的调节作用，采用系统 GMM 模型进行调节效应的估计。表 7-7 的第 2～4 列分别揭示了老龄化、女性化、兼业化对农村土地经营权流转的农业全要素生产率增长效应的影响程度。结合表 7-7 的模型结果，在纳入农业劳动力结构后，农村土地经营权流转的农业全要素生产率增长效应依然显著。

表 7-7　不同农业劳动力结构对农村土地经营权流转的全要素生产率影响的实证结果

变量名称	老龄化 模型 9	女性化 模型 10	兼业化 模型 11
农村土地经营权流转水平	0.015* (1.70)	0.025** (2.43)	0.017** (2.16)
老龄化	0.235* (1.94)	—	—
农村土地经营权流转水平×老龄化	−0.639* (−1.95)	—	—
女性化	—	0.012 (0.02)	—
农村土地经营权流转水平×女性化	—	−0.267** (−2.21)	—

续表 7-7

变量名称	老龄化 模型 9	女性化 模型 10	兼业化 模型 11
兼业化	—	—	0.018 (0.22)
农村土地经营权流转水平×兼业化	—	—	−0.239** (−2.33)
自然灾害	−0.056** (−2.48)	−0.053** (−2.24)	−0.048** (−2.23)
区域社会发展水平	0.043 (0.41)	−0.001 (−0.01)	0.034 (0.31)
人力资本含量	−0.037* (−1.86)	−0.038** (−2.31)	−0.032* (−1.80)
劳均机械投入	0.013*** (3.22)	0.012** (2.30)	0.012** (2.55)
财政支农力度	0.080 (0.82)	0.074 (0.88)	−0.010 (−0.09)
农村经济发展水平	0.028 (0.62)	0.036 (0.97)	0.031 (0.88)
常数项	0.255* (1.92)	0.339 (1.16)	0.257** (2.30)
观测值	420	420	420
省(自治区、直辖市)数量	30	30	30
Wald 检验	575.37 (0.000)	456.66 (0.000)	562.88 (0.000)
AR(1)	−2.58 (0.010)	−2.57 (0.010)	−2.61 (0.009)
AR(2)	−0.64 (0.522)	−0.54 (0.592)	−0.72 (0.472)
Hansen 检验	25.32 (0.556)	21.65 (0.199)	23.38 (0.714)

注：*、**、*** 分别表示在 0.1、0.05、0.01 水平下显著。

根据农村土地经营权流转与农业劳动力结构交互项的系数结果，当前农业劳动力结构变化对农村土地经营权流转的农业全要素生产率增长效应具有明显的抑制作用。其中农业劳动力结构中的老龄化的抑制效应最明显，边际抑制作用为－0.639，而农业劳动力结构中的女性化和兼业化对农村土地经营权流转的农业全要素生产率增长效应的边际抑制作用分别是－0.267和－0.239，由此验证了当前农业劳动力结构中的老龄化、女性化、兼业化程度的提高均会对农村土地经营权流转的全要素生产率产生抑制作用。因人力资本差异，农业劳动力结构中的老龄化、女性化在整体上导致了农业劳动力质量的下降；农业劳动力结构中的兼业化程度的提高，由非农转移导致的农业劳动力数量减少和质量下降不利于农业全要素生产率的发展，由农业劳动力结构中的兼业化程度提高带来的抑制效应比收入效应更强，因此兼业化会抑制农业全要素生产率。总体而言，当前农业劳动力市场发生了一定的变化，农业劳动力结构变化造成了土地与农业劳动力要素不自洽，不匹配的农业劳动力市场反而削弱了农村土地经营权流转对农业全要素生产率的增长效应，农业劳动力结构在其中发挥了负向调节作用。

4. 稳健性检验

1）选择子样本回归

结合2005—2020年我国农村土地经营权流转数据，北京市和上海市的农村土地经营权流转率远高于其他省（自治区、直辖市），而山西省和海南省的农村土地经营权流转率远低于其他省（自治区、直辖市），这可能会影响回归结果分析。参考匡远配等的做法，考虑将以上四个省（自治区、直辖市）从样本中剔除后进行回归，运用前文所用的固定效应模型、系统GMM模型和调节效应模型进行测算，稳健性检验结果如表7-8所列。表7-8是选择子样本回归后，不同农业劳动力结构对农村土地经营权流转的农业全要素生产率的调节作用的检验结果。结合表7-8中检验结果，农业劳动力结构的老龄化、女性化、兼业化对农村土地经营权流转的农业全要素生产率的边际抑制系数分别为－0.751、－0.353、－0.400，农业劳动力结构中的老龄化、女性化、兼业化对农村土地经营权流转的全要素生产率抑制作用的结果依然显著，说明回归结果可靠。

表7-8　选择子样本调节效应回归检验结果

变量名称	老龄化 模型12	女性化 模型13	兼业化 模型14
农村土地经营权流转水平	0.025**	0.027***	0.025**
	(2.01)	(3.31)	(2.23)
老龄化	0.266*	—	—
	(1.69)		

续表 7-8

变量名称	老龄化 模型 12	女性化 模型 13	兼业化 模型 14
农村土地经营权流转水平×老龄化	−0.751***	—	—
	(−2.89)		
女性化	—	0.514	—
		(1.12)	
农村土地经营权流转水平×女性化	—	−0.353***	—
		(−2.59)	
兼业化	—	—	0.072
			(0.75)
农村土地经营权流转水平×兼业化	—	—	−0.400**
			(−2.27)
自然灾害	−0.044*	−0.040*	−0.054**
	(−1.94)	(−1.92)	(−1.97)
区域社会发展水平	−0.181	−0.101	−0.220
	(−1.27)	(−0.74)	(−1.24)
人力资本含量	−0.024	−0.043***	−0.019
	(−1.05)	(−2.85)	(−0.85)
劳均机械投入	0.009*	0.011*	0.009**
	(1.68)	(1.83)	(2.41)
财政支农力度	−0.099	0.175	−0.048
	(−0.97)	(1.30)	(−0.57)
农村经济发展水平	0.067*	0.055	0.088 *
	(1.78)	(1.56)	(1.95)
常数项	0.298	0.160	0.280
	(1.43)	(0.72)	(1.48)
观测值	364	364	364
省(自治区、直辖市)数量	26	26	26
Wald 检验	657.04	510.57	929.94
	(0.000)	(0.000)	(0.000)
AR(1)	−2.00	−1.99	−1.96
	(0.046)	(0.047)	(0.050)
AR(2)	−0.86	−0.67	−0.84
	(0.392)	(0.506)	(0.400)
Hansen 检验	19.44	15.44	16.27
	(0.194)	(0.997)	(0.235)

注：*、**、*** 分别表示在 0.1、0.05、0.01 水平下显著。

2）替换解释变量

本节选择替换核心解释变量的方法进行稳健性检验。劳均耕地经营面积①是衡量区域农村土地经营权流转水平的另一个重要指标。本节选择"劳均耕地经营面积"替换农村土地经营权流转率，作为核心解释变量进一步验证，运用前文所用的固定效应模型、系统 GMM 模型和调节效应模型进行测算，稳健性检验结果如表 7-9 所列。表 7-9 是在替换核心解释变量后，不同农业劳动力结构对农村土地经营权流转的农业全要素生产率的影响。结合模型结果，农业劳动力结构中的老龄化、女性化、兼业化对农村土地经营权流转的农业全要素生产率的抑制作用依然显著。

表 7-9　替换核心解释变量调节效应回归检验结果

变量名称	老龄化 模型 15	女性化 模型 16	兼业化 模型 17
劳均耕地经营面积	0.092* (1.84)	0.940* (1.85)	0.234*** (2.87)
老龄化	6.001 (1.64)	—	—
劳均耕地经营面积×老龄化	−0.533* (−1.65)	—	—
女性化	—	21.204* (1.90)	—
劳均耕地经营面积×女性化	—	−1.868* (−1.85)	—
兼业化	—	—	4.800** (2.23)
劳均耕地经营面积×兼业化	—	—	−0.416** (−2.12)
自然灾害	−0.078*** (−3.15)	−0.087*** (−3.06)	−0.100*** (−3.64)
区域社会发展水平	−0.028 (−0.14)	−0.040 (−0.25)	−0.442* (−1.82)
人力资本含量	−0.038* (−1.94)	−0.028 (−1.08)	−0.002 (−0.07)

① 劳均耕地面积＝耕地面积/第一产业从业人数，数据来源于历年的《中国农村统计年鉴》。

续表 7-9

变量名称	老龄化 模型 15	女性化 模型 16	兼业化 模型 17
劳均机械投入	0.006	−0.002	−0.007
	(0.86)	(−0.19)	(−1.51)
财政支农力度	0.217**	0.312**	0.114
	(2.24)	(2.20)	(0.92)
农村经济发展水平	0.034	0.125*	0.085
	(0.70)	(1.73)	(1.52)
常数项	0.263	−9.428*	−1.387
	(0.48)	(−1.66)	(−1.50)
观测值	420	420	420
省份数量	30	30	30
Wald 检验	146 756.42	82 680.64	28 236.50
	(0.000)	(0.000)	(0.000)
AR(1)	−1.87	−1.97	−1.86
	(0.062)	(0.049)	(0.063)
AR(2)	−1.38	−1.49	−0.95
	(0.169)	(0.136)	(0.340)
Hansen 检验	18.01	20.37	18.71
	(0.958)	(0.851)	(0.227)

注：*、**、*** 分别表示在 0.1、0.05、0.01 水平下显著。

农村土地经营权流转作为重新配置土地要素的重要手段也促进了劳动力、资本等其他要素的流动。农业生产作为要素综合配置的过程，农村土地经营权流转对农业全要素生产率的影响可能会受到其他因素的影响。本节通过构建计量模型，运用固定效应模型、系统 GMM 模型以及调节效应模型，检验 2005—2020 年的农村土地经营权流转的农业全要素生产率以及农业劳动力结构在其中发挥的调节作用。其检验结果显示：①2005—2020 年农村土地经营权流转促进了农业全要素生产率的增长，但是增长作用较小，且农村土地经营权流转的农业全要素生产率增长效应存在一定的滞后期。此外，农村土地经营权流转的农业全要素生产率增长效应存在明显的区域异质性。与非粮食主产区相比，粮食主产区的农村土地经营权流转的农业全要素生产率增长效应更强。②不同的农业劳动力结构变化会抑制农村土地经营权流转的农业全要素生产率。农业劳动力结构变化导致了土地与农业劳动力要素不自洽，从而抑制了农村土地经营权流转的农业全要素生产率增长效应。

第8章 农地市场与农业分工

本章拟探究的问题是微观层面的农业分工对农村土地经营权流转市场的作用如何？农村土地经营权流转市场又会对农业劳动力市场带来何种反馈？在农业劳动力市场，农业分工会促进农村土地经营权的转入，农业雇用市场的发育是农户进行农村土地经营权流转的前提条件。在农户经营超越一定规模后，具有比较优势的农户会选择农业分工。如果农户的经营规模尚未达到一定水平，农户会倾向于选择农业生产外包服务。实施农地规模经营的农户会选择自购农业机械。本章将在理论分析和研究结果的基础上，运用 Logit 模型、OLS 模型和 PSM 模型，分析农业劳动力市场与农村土地经营权流转市场之间的关系。

8.1 农业分工与要素替代

8.1.1 农业分工对农村土地经营权流转的影响

规模经营农户集中于农业生产活动，深化了农场组织内部分工经济和规模经营的发展。如果农户以提供经济性服务为主，则会促进农业生产外包服务市场的发展，这时分工经济转换为以机耕、机种、机收为主的农业生产外包服务的纵向分工。农业生产外包服务的提供使具有农业比较优势但受农业劳动力和资本约束的农户扩大农地规模成为可能，并进一步促进了农村土地经营权流转。在提供外部农机服务的前提下，农户会按照利益最大化原则，在使用自有家庭劳动力与购买外包服务之间进行合理配置，将农场内部非关键业务外包，形成农业领域的分工协作，由此内生出动态比较优势。分工一旦开启，农户就会寻找服务规模经营与土地规模经营的动态平衡。农业雇工和农业生产外包服务供给的持续存在是我国农户分工启动的决定性因素。

8.1.2 要素替代

从微观农户行为来看，农业雇工、农业生产外包服务市场发展的出发点在于城乡劳动市场的发育。在要素流动和市场开放条件下，尊重农户自身意愿，借助市场力量，农户会动态调整和优化农业生产要素组合，内生出一种农村土地经营权流转的农业生产外包服务的发展机制。从规模经营农户生成演进逻辑来看，农户的农业比较优势，土地、劳动力（包含农业生产外包服务）、资本的可获得性，农机购置数量等是关键因素。在农村土地经营权流转之后，农业规模经营要素替代的演化路径有三条：第一，随着农村劳动力转移，农村土地经营权流转带来了农业要素配置格局的显著变化。不同的农户要素禀赋条件导致了农户的分化，这主要体现在农村土地经营权流转上。具有农业生产经营优势的农户倾向于“转入农地”，而处于农业生产经营劣势的农户则更倾向于“转出农地”。第二，在农村土地经营权流转后，规模化农户会采用雇用经营方式，农地与劳动要素之间存在结构性失衡。在供给方面，劳动力的转移导致家庭可支配劳动力空间缩小；在需求方面，随着农村土地经营权流转和经营规模的扩大，农事活动所需的人工数量在不断增长。农事活动的季节性造成了农事活动的旺季与淡季的不均衡，因此农地与劳动力的结构性失衡需要发展农业劳动力市场来弥补。第三，农户可能会选择机械来替代人工，以实现农地的规模经营。考虑到农业的生产特点和与农地经营规模相匹配的劳动力要素，供需不平衡的结果是交易成本的上升。农业劳动力转移导致雇工空间的收缩和农业雇工成本的提高；农业生产具有的季节性、周期性等特点增加了农业雇工的不确定性和风险成本；农产品自然生长的特点使得农产品生产过程中的生产质量难以监控。在这种情况下，为了规避高昂的交易成本，农户会自购农业机械。

8.2 农业分工对农村土地经营权流转市场影响的实证分析

8.2.1 数据及模型

1. 变量说明

本节研究数据来源于中国土地经济调查（CLES），通过剔除存在缺失值的样本，共保留了2020年和2021年两年3 658个样本，形成了混合截面数据。

1）被解释变量和解释变量

本节选用农户是否进行农村土地经营权转入和农户经营面积作为被解释变量，农户经营面积按面积大小分别进行0～7的赋值。以农业分工变量作为核心解释变量，农业分工变量以是否进行农业雇工和是否进行农业生产外包服务进行表征，详见表 8-1。

2）控制变量

本节选用了家庭特征变量、土地特征变量、村庄特征变量作为模型的控制变量。家庭特征变量包括户主性别、户主年龄、户主受教育程度、户主是否接受过非农就业培训、户主是否接受过农业培训、劳动力转移占比、农业机械、农业信贷、家庭现金及存款情况；土地特征变量包括农地完整度、人均家庭经营面积、农地确权；村庄特征变量包括村庄位置、村庄人均纯收入、村庄耕地流转面积占比、村庄地形，详见表 8-1。

表 8-1　变量统计

变量	定义与赋值	变量代码	均值	标准差	最小值	最大值
被解释变量						
农村土地经营权转入	农户参与农村土地经营权转入＝1；没有参与＝0	landin	0.138 9	0.345 9	0	1
农户经营面积	无经营＝0；≤1 亩＝1；1～3 亩＝2；3～5 亩＝3；5～10 亩＝4；10～15 亩＝5；15～30 亩＝6；>30 亩＝7	land	2.335 7	2.149 2	0	7
解释变量						
农业分工变量						
农业雇工	是＝1；否＝0	hire	0.093 5	0.291 2	0	1
农业生产外包服务	是＝1；否＝0	service	0.380 3	0.485 5	0	1
控制变量						
家庭特征变量						
户主性别	男＝1；女＝0	gender	0.927 3	0.259 7	0	1
户主年龄	岁	age	63.161 3	10.069 9	18	98
户主受教育程度	在校时间/年	edu	7.109 9	3.636 8	0	20

续表 8-1

变量	定义与赋值	变量代码	均值	标准差	最小值	最大值
户主是否接受过非农就业培训	是=1;否=0	non-train	0.123 0	0.328 5	0	1
户主是否接受过农业培训	是=1;否=0	train	0.288 1	0.453 0	0	1
劳动力转移占比	农业劳动力转移人数占家庭劳动力人数的比例/%	labor_transfer	37.630 0	27.480 0	0	100
农业机械	是=1;否=0	machinery	0.218 7	0.485 5	0	1
农业信贷	用于农业用途的借贷金额加 1 后取对数	credit	0.523 2	2.361 8	0	15.068 3
家庭现金及存款情况	现金及存款金额加 1 后取对数	deposit	9.150 1	2.954 1	0	16.118 1
土地特征变量						
农地完整度	耕地面积/地块数/(亩/块)	integrity	1.801 9	5.268 0	0.001 0	300
人均家庭经营面积	亩	land_per	1.724 0	7.181 1	0.004 0	350
农地确权	未确权=0;已确权=1	right	0.939 3	0.238 8	0	1
村庄特征变量						
村庄位置	村庄到县城的距离/千米	village_location	20.386 3	15.448 6	2	90.6
村庄人均纯收入	全村人均纯收入取对数	village_income	9.866 1	0.570 1	7.495 5	10.784 0
村庄耕地流转面积占比	村庄耕地流转面积/耕地总面积/%	village_transfer	45.860 0	34.120 0	0	100
村庄地形	平原=1;非平原=0	village_terrain	0.877 0	0.328 5	0	1

2. 模型设计

为了验证农户进行农村土地经营权转入和规模农户的生成，本节构建了农户的农村土地经营权流转决策模型：

$$Y_i = a_0 + a_1 M_i + \sum_{n=1} \lambda_1 X_{ni} + \varepsilon_i \tag{8-1}$$

公式(8-1)中，被解释变量 Y_i 表示农户 i 的农村土地经营权转入行为和农户经营面积；由于是否进行农地转出为 0,1 变量，本节使用 Logit 模型估计农业分工变量对农村土地经营权转入的影响，使用 OLS 模型估计农业分工变量对农户经营面积的影响。解释变量 M_i 表示农户农业分工变量，包括是否进行农业雇工和是否进行农业生产外包服务；X_{ni} 表示控制变量，包括家庭特征变量、土地特征变量、村庄特征变量等；ε_i 表示随机误差项；a_0 为常数项；a_1、λ_1 表示主要解释变量和控制变量的待估参数。

8.2.2 结果分析及稳健性检验

1. 结果分析

构建模型的被解释变量为农户是否进行了农村土地经营权转入与农户的农地实际经营面积。由于模型 1 中的农户是否进行了农地转入为 0,1 变量，因此选择 Logit 模型进行估计，模型 2 则选择 OLS 模型进行估计。根据表 8-2 的回归结果来看，农村土地经营权转入的 Logit 模型的预测结果为 88.68%，农户经营面积的 OLS 模型的 R^2 达到了 0.343 9，两个模型的拟合程度均较好，重要的解释变量均通过了显著性检验。从模型回归结果来看，农业分工变量对农户的农村土地经营权转入和其经营规模的扩大均具有显著影响。由模型 1 可见，在农业分工变量中，获得雇工的农户进行农村土地经营权转入的概率比是未获得雇工的农户的 2.66 倍，有农业生产外包服务的农户进行农村土地经营权转入的概率比是没有农业生产外包服务的农户的 2.41 倍。

表 8-2　农业分工对农村土地经营权流转影响的回归结果

变量名称	农村土地经营权转入的 Logit 模型 1	农户经营面积的 OLS 模型 2
农业雇工	2.660 7***	1.123 1***
	(0.391 7)	(0.111 6)
农业生产外包服务	2.357 4***	1.272 4***
	(0.297 2)	(0.062 0)

续表 8-2

变量名称	农村土地经营权转入的 Logit 模型 1	农户经营面积的 OLS 模型 2
户主性别	1.502 5	0.087 8
	(0.389 8)	(0.121 5)
户主年龄	0.968 2***	−0.017 2***
	(0.005 5)	(0.003 3)
户主受教育程度	0.982 6	0.013 2
	(0.017 9)	(0.009 2)
户主是否接受过非农就业培训	0.837 5	−0.153 4
	(0.149 4)	(0.097 2)
户主是否接受过农业培训	1.358 0**	0.282 7***
	(0.163 2)	(0.070 0)
劳动力转移占比	0.448 8***	−0.590 2***
	(0.095 6)	(0.109 4)
农业机械	4.471 4***	1.083 7***
	(0.503 3)	(0.073 6)
农业信贷	1.141 5***	0.122 7***
	(0.020 0)	(0.014 7)
家庭现金及存款情况	1.080 7***	0.028 2***
	(0.022 0)	(0.010 8)
农地完整度	1.053 2**	0.021 5
	(0.026 3)	(0.013 9)
人均家庭经营面积	0.923 0**	0.009 3*
	(0.034 0)	(0.005 1)
农地确权	1.563 2*	0.004 3
	(0.416 6)	(0.112 4)
村庄位置	1.005 9	0.013 0***
	(0.003 7)	(0.002 2)
村庄人均纯收入	0.7908**	−0.201 5***
	(0.074 5)	(0.063 3)
村庄耕地流转面积占比	0.937 4	−0.383 0**
	(0.170 0)	(0.169 3)
村庄地形	0.708 8**	0.064 9
	(0.122 8)	(0.088 9)
常数项	1.362 4	4.043 3***
	(1.497 2)	(0.670 5)
模型评价	wald chi2(18)=570.44***	F(18,3 639)=120.29***
	Pseudo R^2=0.248 1	Pseudo R^2=0.343 9
	Correctly classified=88.68%	
观测值	3 658	3 658

注:农村土地经营权转入的 Logit 模型报告结果为概率比,农户经营面积的 OLS 模型报告结果为变量系数。*、**、*** 分别表示在 0.1、0.05、0.01 水平下显著。

在控制变量方面的家庭特征中，户主年龄对农村土地经营权转入产生了显著的负向影响，户主年龄每提高 1 岁，农村土地经营权转入的概率比降低 4.18%，户主接受过农业培训的家庭比户主未接受过农业培训的家庭进行农村土地经营权转入的概率比提高了 35.80%；劳动力转移占比每提高 1 个单位，农村土地经营权转入的概率比降低 55.12%；有农业机械的农户进行农村土地经营权转入的概率比是没有农业机械的农户的 4.94 倍；农业信贷金额每提高 1 个单位，农村土地经营权转入的概率比提高 14.15%；家庭现金及存款情况对农村土地经营权转入产生了显著的正向影响，家庭现金及存款每提高 1 个单位，农村土地经营权转入的概率比提高 8.07%。在土地特征方面，农地完整度、农地确权均对农村土地经营权转入产生了显著的正向影响，农地完整度每提高 1 个单位，农村土地经营权转入的概率比提高 5.32%，农地完成确权比未完成农地确权的农户进行农村土地经营权转入的概率比提高了 56.32%。人均家庭经营面积对农村土地经营权转入产生了显著的负向影响，人均家庭经营面积每提高 1 个单位，农村土地经营权转入的概率比降低 7.70%。在村庄特征中，村庄人均收入和村庄地形对农村土地经营权转入产生了显著的负向影响，村庄人均收入每提高 1 个单位，农村土地经营权转入的概率比降低 20.92%，平原地形的村庄进行农村土地经营权转入的概率比是非平原地形的村庄的 0.71 倍。

由模型 2 可见，在农业分工变量中，获得雇工的农户经营面积是未雇工的农户经营面积的 2.12 倍，有农业生产外包服务的农户经营面积是没有农业生产外包服务农户的 2.27 倍。在控制变量中的家庭特征方面，户主年龄对农户经营面积产生了显著的负向影响，户主年龄每提高 1 岁，农地经营面积降低 1.72%；户主获得农业培训的农户比户主未获得农业培训的农户经营面积提高了 28.27%；劳动力转移占比每提高 1 个单位，农户经营面积降低 59.02%；有农业机械的农户经营面积是没有农业机械农户的 2.08 倍；农业信贷金额每提高 1 个单位，农户经营面积提高 12.27%；家庭现金及存款对农户经营面产生了显著的正向关系，家庭现金及存款每提高 1 个单位，农户经营面积提高 2.82%。在村庄特征中，村庄位置对农户经营面积产生了显著的正向影响，村庄距县城的距离每提高 1 千米，农户经营面积提高 1.30%。村庄人均纯收入和村庄流转情况对农户经营面积产生了显著的负向影响，村庄人均纯收入每提高 1 个单位，农户经营面积降低 20.15%，村庄耕地流转面积占比每提高 1 个单位，农户经营面积降低 38.30%。

2. 稳健性检验

为了减少由内生性导致的计量结果的偏差，本节选择使用倾向得分匹配法对表 8-2 的回归结果进行稳健性检验。倾向得分匹配法利用反事实结果对比解释变量对被解释变量的影响，从方法本质上消除内生性。

首先，利用 Logit 模型估计给定禀赋特征下的各解释变量的条件概率拟合值，即倾向得分值。其次，将处理组与对照组进行匹配。Logit 模型为：

$$\mathrm{PS}_i=\mathrm{Prob}(D_i=1|X_i)=E(D_i=0|X_i) \tag{8-2}$$

公示(8-2)中，PS_i 为倾向得分匹配；X_i 影响被解释变量的影响因素，采用 k 近邻匹配方法进行匹配，并比较其匹配结果的差异。最后，通过计算处理组和对照组的平均处理效果，得出农业分工对农村土地经营权转入和农户经营面积的影响：

$$\mathrm{ATT}=E[Y_1^i-Y_0^i]=E[Y_1^i-Y_0^i|D_i=1]=E[Y_1^i|D_i=1]-E[Y_0^i|D_i=1] \tag{8-3}$$

公式(8-3)中，Y_1^i 和 Y_0^i 分别为事实被解释变量和反事实变量；$E[Y_1^i|D_i=1]$在实际研究中可以观察到；$E[Y_0^i|D_i=1]$则不能直接观察到，这是一个反事实的结果。

根据表 8-3 的结果，T 值均大于 1.96 的临界值，表明结果均显著，且变化趋势相同，农业分工变量对农村土地经营权转入和农户经营面积均产生了正向影响，农业雇工、农业生产外包服务均促进了农户的农村土地经营权转入和农户经营面积的扩大。倾向得分匹配的估计结果与农村土地经营权转入的 Logit 模型和农户经营面积的 OLS 模型影响关系一致，故以上的计量结果稳健。

表 8-3　倾向得分匹配法的计量结果

被解释变量	解释变量	实验组	控制组	平均处理效应	变化率%	标准误	T 值
农村土地经营权转入	农业雇工	0.448 5	0.281 8	0.166 7	59.16	0.040 3	4.14
	农业生产外包服务	0.239 6	0.162 6	0.077 0	47.36	0.019 6	3.94
控制变量已控制*							
农户经营面积	农业雇工	4.6	3.587 9	1.012 1	28.21	0.173 1	5.85
	农业生产外包服务	3.468 3	2.428 1	1.040 3	42.84	0.123 7	8.41

注：* 该部分的计算过程也使用了表 8-1 的控制变量进行回归，但其结果略写了。

通过以上的分析，农业雇用市场的发育对于农户超越小规模走向规模化经营具有促进作用。由于经营规模的扩大和可支配劳动力的约束，农户选择雇用经营，以农业生产外包服务来弥补自身家庭劳动力不足。

8.3 要素替代效应的实证分析

8.3.1 数据及模型

表 8-2 的回归结果已经证明农业分工对农户的农地经营权转入及其经营规模起到了决定性作用，但是农村土地经营权转入并不必然形成规模经营，因此本节将考察不同规模情境下的农户行为特征，分析要素替代效应。

1. 统计描述

本研究把 3 658 个样本农户数据按照农户的种植规模进行分类，作为被解释变量，其中把经营规模在 3 亩以下定为“超小规模农户”，把经营规模在 3～5 亩的农户视为“小规模农户”，把 5～10 亩视为“一般规模农户”，10～15 亩视为“初步规模农户”，15～30 亩视为“较大规模农户”，30 亩以上视为“大规模农户”，农户经营规模的样本分布见表 8-4。本节以劳动力转移占比、是否进行农业雇工、是否进行农业生产外包服务来表征农业劳动力市场变量，以是否有农业机械、是否有农业信贷来表征农业资本市场变量研究要素替代过程。

表 8-4 农户经营规模的样本分布

经营规模	≤3 亩	3～5 亩	5～10 亩	10～15 亩	15～30 亩	30 亩以上
农户类型	超小规模	小规模	一般规模	初步规模	较大规模	大规模
样本数/户	1 144	473	509	85	103	313
占比/%	31.27	12.93	13.91	2.32	2.82	8.56

2. 模型设计

为了验证规模农户的要素替代过程，本节构建以下规模农户要素替代模型：

$$Y_{\mathrm{i}} = a_0 + a_1 M_i + a_2 N_i + \sum_{n=1} \lambda_1 X_{ni} + \varepsilon_i \tag{8-4}$$

公式(8-4)中，被解释变量 Y_i 表示是否为某一类型的农户，是则为 1，否则为 0，使用 Logit 模型估计农业劳动力市场和农业资本市场变量对农户经营规模的影响；解释变量 M_i 表示与农业劳动力市场的相关变量，包括劳动力转移占比、是否进行农业雇工、是否进行农业生产外包服务；解释变量 N_i 表示与农业资本市场的相关变量，包括是否有农业机械、农业信贷；X_{ni} 表示控制变量，包括农户家庭变量、土地特征变量、村庄特征等变量；ε_i 表示随机误差项；a_0 为常数项；a_1、a_2、λ_1 表示主要解释变量和控制变量的待估参数。

8.3.2 结果分析及稳健性检验

1. 结果分析

根据表 8-5，从农业劳动力市场来看，农业雇工、农业生产外包服务对不同经营规模农户的正向影响越来越大，且越来越显著；劳动力转移对不同经营规模农户的负向影响越来越大，且越来越显著。从农业资本市场来看，农业机械、农业信贷对不同经营规模农户的正向影响越来越大，且越来越显著。无论农业劳动力市场，还是农业资本市场，它们对大规模农户的影响程度最高，且均显著。

表 8-5 要素替代效应的回归结果

变量名称	超小规模农户 模型 1	小规模农户 模型 2	一般规模农户 模型 3
劳动力转移占比	1.031 7 (0.148 5)	0.747 1 (0.150 3)	0.706 3* (0.131 6)
农业雇工	0.561 8*** (0.087 4)	0.741 7* (0.132 3)	0.544 6*** (0.102 7)
农业生产外包服务	1.231 4** (0.107 4)	3.828 0*** (0.476 5)	4.134 5*** (0.484 8)
农业机械	0.617 8*** (0.065 4)	1.032 3 (0.137 5)	1.713 5*** (0.212 3)
农业信贷	0.924 6*** (0.021 9)	0.928 6*** (0.026 6)	0.907 6*** (0.026 6)
户主性别	0.842 9 (0.122 7)	1.671 1** (0.384 1)	1.044 0 (0.215 9)
户主年龄	1.011 1*** (0.004 2)	0.996 7 (0.005 8)	1.002 2 (0.005 5)
户主受教育程度	1.021 5* (0.011 7)	0.987 7 (0.016 3)	1.014 6 (0.016 7)
户主是否接受过非农就业培训	0.823 9 (0.098 7)	1.244 0 (0.198 7)	0.959 8 (0.172 9)
户主是否接受过农业培训	1.025 3 (0.088 9)	0.901 3 (0.110 4)	0.836 3 (0.105 0)

续表 8-5

变量名称	超小规模农户 模型 1	小规模农户 模型 2	一般规模农户 模型 3
家庭现金及存款情况	0.997 7 (0.012 6)	1.013 8 (0.019 5)	0.972 1 (0.017 0)
农地完整度	0.653 8*** (0.046 1)	0.910 3** (0.034 9)	1.008 5 (0.008 5)
人均家庭经营面积	0.828 3*** (0.037 4)	0.845 9*** (0.042 8)	1.001 6 (0.003 8)
农地确权	0.822 2 (0.119 9)	1.134 0 (0.252 6)	1.574 2* (0.382 3)
村庄位置	0.995 6* (0.002 6)	1.003 2 (0.003 6)	1.023 8*** (0.003 5)
村庄人均纯收入	0.981 1 (0.067 1)	0.907 4 (0.082 4)	0.876 8 (0.076 8)
村庄耕地流转面积占比	1.146 2 (0.128 6)	0.350 3*** (0.068 0)	0.165 6*** (0.031 5)
村庄地形	1.070 8 (0.122 5)	0.875 5 (0.142 2)	1.005 3 (0.186 0)
常数项	0.865 1 (0.661 8)	0.356 2 (0.373 4)	0.249 8 (0.259 6)
模型评价	wald chi2(18)=150.25*** Pseudo R^2=0.069 0 Correctly classified=69.35%	wald chi2(18)=280.55*** Pseudo R^2=0.097 7 Correctly classified=87.07%	wald chi2(18)=351.87*** Pseudo R^2=0.139 6 Correctly classified=85.68%

变量名称	初步规模农户 模型 4	较大规模农户 模型 5	大规模农户 模型 6
劳动力转移占比	0.413 2** (0.177 4)	0.651 3 (0.271 6)	0.606 3* (0.168 0)
农业雇工	0.768 5 (0.329 8)	1.476 6 (0.427 7)	9.164 5*** (1.681 0)
农业生产外包服务	3.419 5*** (0.960 4)	3.413 7*** (0.888 4)	0.395 1*** (0.066 3)
农业机械	3.946 0*** (0.936 0)	4.094 7*** (0.948 6)	2.285 8*** (0.310 0)

续表 8-5

变量名称	初步规模农户 模型 4	较大规模农户 模型 5	大规模农户 模型 6
农业信贷	1.012 1	1.010 4*	1.154 2***
	(0.041 2)	(0.0318 2)	(0.021 6)
户主性别	0.718 3	2.819 8	0.808 6
	(0.338 1)	(2.027 0)	(0.229 8)
户主年龄	1.007 6	0.977 3**	0.968 7***
	(0.012 8)	(0.010 4)	(0.007 1)
户主受教育程度	1.037 5	1.019 3	0.998 8
	(0.039 3)	(0.036 7)	(0.022 8)
户主是否接受过非农就业培训	0.813 5	0.4157**	1.033 5
	(0.304 4)	(0.167 3)	(0.203 2)
户主是否接受过农业培训	1.285 8	1.342 0	1.767 7***
	(0.332 1)	(0.306 9)	(0.260 9)
家庭现金及存款情况	1.063 0	1.042 2	1.063 4**
	(0.048 5)	(0.040 2)	(0.030 5)
农地完整度	1.005 8	1.039 7	1.072 6*
	(0.006 2)	(0.051 3)	(0.038 8)
人均家庭经营面积	0.999 2	0.959 3	1.052 9
	(0.003 7)	(0.070 6)	(0.038 6)
农地确权	0.881 4	1.372 5	1.131 1
	(0.440 3)	(0.731 8)	(0.358 5)
村庄位置	1.025 1***	1.001 1	1.008 2**
	(0.006 7)	(0.007 8)	(0.004 2)
村庄人均纯收入	0.922 4	0.847 4	0.743 1**
	(0.199 4)	(0.152 4)	(0.107 1)
村庄耕地流转面积占比	0.319 1***	0.721 6	3.074 8***
	(0.112 6)	(0.263 5)	(0.631 6)
村庄地形	2.691 4	1.618 6	1.167 7
	(1.683 8)	(0.668 6)	(0.265 1)
常数项	0.003 0**	0.020 3*	1.426 3
	(0.008 1)	(0.045 2)	(2.128 6)
模型评价	wald chi2(18)=121.59*** Pseudo R^2=0.134 5 Correctly classified=97.68%	wald chi2(18)=187.48*** Pseudo R^2=0.165 2 Correctly classified=97.18%	wald chi2(18)=448.19*** Pseudo R^2=0.276 8 Correctly classified=93.55%

注：报告结果为概率比。

*、**、*** 分别表示在 0.1、0.05、0.01 水平下显著。

第一，在全部的农户样本中，31.27%的农户在进行超小规模经营，占比最高，这表明了我国农户家庭经营仍然普遍存在着"弱者种地"的现象。农业生产外包服务也会促进超小规模农户的生产经营，这十分符合我国农业经营的现状。农业生产外包服务已成为农业劳动力市场的重要一环。

第二，农户在不同的经营规模会呈现不同的要素匹配特征。在超小规模阶段，劳动力转移与农业生产外包服务并行，农户的生产能力和交易能力具有比较优势的农户拒绝选择超小规模经营。一旦超越超小规模经营，具有比较优势的农户就会选择更多的农业生产外包服务，购买必要的农机设备等固定资产。此时农户倾向于选择农业生产外包服务来弥补由劳动力转移造成的农业劳动力短缺。发展农业劳动力市场和农业资本市场是打破小规模经营格局，通过农村土地经营权市场引导农户扩大种植规模的必要条件。当农户达到一般规模时，农户的资本投入开始变得重要；当达到初步规模时，农户逐渐选择自购农业机械来替代农业生产外包服务，农业信贷也开始起决定性作用，农业资本市场的发育和由此形成的资产专用模式推动了规模农户的形成。当达到较大规模和大规模时，农户的农业生产外包服务需求减弱，选择雇工进行农业机械驾驶，或者弥补农业机械所不能完成的任务，同时更多选择自购农业机械。

2. 稳健性检验

为了增强要素替代效应回归结果的稳健性，通过剔除控制变量，仅针对核心解释变量进行了回归分析，结果见表 8-6。其与剔除控制变量前的正负向结果一致，证明了要素替代效应回归结果稳健。

表 8-6　剔除控制变量后要素替代效应的回归结果

变量名称	超小规模农户 模型 7	小规模农户 模型 8	一般规模农户 模型 9
劳动力转移占比	1.138 5 (0.149 7)	0.850 1 (0.153 6)	0.609 2*** (0.107 7)
农业雇工	0.511 6*** (0.080 5)	0.696 1** (0.122 8)	0.513 0*** (0.094 5)
农业生产外包服务	1.169 1* (0.093 4)	4.281 8*** (0.478 8)	4.342 0*** (0.471 1)
农业机械	0.564 3*** (0.057 9)	1.013 6 (0.130 6)	1.620 9*** (0.192 8)

续表 8-6

变量名称	超小规模农户 模型 7	小规模农户 模型 8	一般规模农户 模型 9
农业信贷	0.912 9*** (0.020 8)	0.925 9*** (0.025 6)	0.908 6*** (0.026 1)
常数项	0.507 6*** (0.037 1)	0.084 6*** (0.009 8)	0.096 4*** (0.010 2)
模型评价	wald chi2(6)=104.40*** Pseudo R^2=0.023 6 Correctly classified=68.73%	wald chi2(6)=190.17*** Pseudo R^2=0.072 2 Correctly classified=87.07%	wald chi2(6)=255.35*** Pseudo R^2=0.089 1 Correctly classified=86.09%
变量名称	初步规模农户 模型 10	较大规模农户 模型 11	大规模农户 模型 12
劳动力转移占比	0.369 1** (0.157 0)	0.657 0 (0.258 6)	0.790 8 (0.202 9)
农业雇工	0.656 9 (0.273 6)	1.466 7 (0.415 4)	10.061 5*** (1.780 5)
农业生产外包服务	3.460 5*** (0.905 2)	3.716 0*** (0.922 0)	0.363 6*** (0.057 1)
农业机械	3.597 2*** (0.841 8)	4.378 0*** (0.999 2)	2.495 4*** (0.322 1)
农业信贷	1.005 4 (0.040 1)	1.022 9 (0.033 2)	1.182 3*** (0.020 5)
常数项	0.010 1*** (0.003 0)	0.007 1*** (0.002 1)	0.044 6*** (0.006 7)
模型评价	wald chi2(6)=74.18*** Pseudo R^2=0.099 0 Correctly classified=97.68%	wald chi2(6)=136.59*** Pseudo R^2=0.142 5 Correctly classified=97.18%	wald chi2(6)=415.32*** Pseudo R^2=0.231 1 Correctly classified=92.89%

注:报告结果为概率比。

*、**、*** 分别表示在 0.1、0.05、0.01 水平下显著。

本节从微观视角分析了农业劳动力市场与农村土地经营权流转市场的关系。基于 Logit 模型、OLS 模型和 PSM 模型的研究发现,以农户降低交易成本的行为来考量,随着经营规模的扩大,农户选择自购农业机械,同时需要农业资本市场的发育。农业资本市场发育迟缓会制约农村土地经营权流转市场的发展，因此我们必须加快以农业信贷为主要内容的多元化金融支持体系。农业规模经营的演化路径呈现“自有劳动力—农业生产外包服务—自购农业机械”的要素替代趋势。农业技术进步和农业生产环节的分离使农业具有可分工性。

第9章 农地市场与信贷

本章拟探究的问题是微观层面的农业资本市场对农村土地经营权流转市场的作用如何？农村土地经营权流转市场又会对农业资本市场带来何种反馈？在农业资本市场中，农户信贷可得性的提高会通过生产资本的投入来农村土地经营权流转市场的发育，同时农村土地经营权流转会给农户带来融资诉求效应。农村土地经营权流转规模、流转合同签订及流转用途的差异会对农户潜在融资需求产生不同的影响。在充分审视自身状况的基础上，为了追求自身利益最大化，在农村土地经营权流转后，农户对融资渠道的选择发生了改变，沿着“弱监管渠道—弱监管与强监管两者兼有—强监管渠道”偏好路径的转变，逐步增加对强监管渠道的偏好。本章将在前文理论分析和研究结果的基础上，运用中介效应模型和多元 Logit 模型，分析农业资本市场与农村土地经营权流转市场之间的关系。

9.1 信贷可得性与融资诉求

9.1.1 信贷可得性对农村土地经营权流转的影响

资本市场的不完善对农户进行农村土地经营权流转的影响包含两个方面：一是不完善的资本市场推高了小农户流动性资本的影子价格，不仅降低了小农户自身的竞争力，也抵消了小农户利用家庭劳动力从事农业生产而节约监督成本的优势；二是在资本市场失灵下，农户信贷长期得不到满足导致了生产长期性投资与农村土地经营权流转难以形成良性互动。农业机械等长期投资与农村土地经营权流转是一种互动关系，即在农村土地经营权流转的同时，需要省力轻便的机械来替代劳动力投入。为了实现自购的农业机械发挥最大的使用效率，农村土地经营权流转能获得与之匹配的农地经营规模，就需要资本市场为农户提供长期的流动性资金支持，为良性互动效应提供前提条件。

9.1.2 融资诉求

1. 融资需求

以经营权流转对农地资源进行重新配置将会带动资本要素重新配置，影响农户潜在融资需求。农村土地经营权流转会促使农户生产行为朝着规模化、市场化的方向转变。农村劳动力向非农产业转移，农业产业结构升级在内在需求上也会促使资本要素替代劳动要素，由劳动密集型转变为资本密集型。农村土地经营权流转伴随的是现代要素投入，农户提高了自己的生产效率及收入水平，生存小农户逐步演变为理性小农。随着规模化的农村土地经营权流转，农业生产通过机械化、产业化的路径推动了资本对劳动的替代，在各类因素叠加下，引起农业资本深化，其中一个明显的特征是提高了农户潜在生产性融资需求。农村土地经营权流转通过高用地成本和高强度农业投资来影响农户融资诉求。农村土地经营权流转推动了资本对劳动的替代，同时推动了生产成本的增加，使得通过流转增加经营规模的农户试图利用金融服务来承担土地成本。为追求生产利润最大化，农户会对转入土地的利用方式进行升级，生产结构向高端化转变，即使农户以粮食作物作为主要农产品来进行种植，也会选择资本密集程度相对较高的新品种、新技术。农户融资需求旺盛会面临着更多的信贷数量配给，从而造成潜在融资需求的增加。同时农户潜在融资需求在很大程度上受到流转合同签订的影响。流转合同的签订增强了农村土地经营权流转的稳定性，农地可抵押性因此增强。

2. 融资渠道

我国农业资本市场为强监管渠道和弱监管渠道的二元供给结构。强监管渠道和弱监管渠道在贷款规模、利率水平、抵押要求、贷款期限等方面存在较大差异。以民间金融为特征的弱监管渠道依赖熟人社会，在农户之间进行资金互助，但规模普遍偏小，且存在隐形利息，难以满足农户因转入土地扩大生产规模所需的资金。在少数情况下，民间金融组织也能够提供稍大额的借贷，但是利率一般较高，农户难以承担成本，也存在信用风险。弱监管渠道难以提供风险咨询、支付结算等金融服务。在可获信贷受到约束的情况下，弱监管渠道有其独有的成本和信息优势。它在很大程度上替代了强监管渠道而在农业资本市场中占据主导地位。随着我国资本市场发育和完善，市场竞争加剧，强监管渠道中的银行等金融机构逐渐进入农业资本市场，城镇化下的农户观念和习惯逐渐市民化，在一定程度上使得他们纠正传统认识偏差，更青睐银行、农村信用社等强监管渠道。在农户经营规模的扩大及流转土地后，农业生产结构的升级促使农户融资渠道偏好从基于人际信任的亲戚朋友或民间金融组织等弱监管渠道逐步转为基于制度信任的银行、农村信用社等强监管渠道。政府财政风险补偿、贷款贴息等金融政策支持，加上农地收益相对稳定确保了强监管渠道信贷支农的安全性。同时由于农户流转土地后，随着经营规模增大，农户可抵押物的数量增多，抗风险能力提升，银行、农村信用社等强监管渠道释放出着力满足信贷需求的有利信号。强监管渠道在农户潜在融资需求上显化作用的增强使得农户在转入土地后更可能偏好强监管渠道。

9.2 信贷可得性对农村土地经营权流转市场影响的实证分析

9.2.1 数据及模型

1. 变量说明

本节研究数据来源于中国土地经济调查(CLES)，通过剔除存在缺失值的样本，共保留了2020年和2021年两年3 658个样本，形成了混合截面数据。

1）被解释变量和解释变量

本节选用农户是否进行农村土地经营权转入和农户经营面积作为被解释变量，农户经营面积按面积大小分别进行0～7的赋值。以农业信贷作为核心解释变量，以生产性资本投入作为中介变量，验证“提高农户信贷可得性，农户会选择增加生产性资本投入，以促进农村土地经营权流转市场的发育”的假说。生产性资本投入以农机价值加1后取对数进行表征，详见表9-1。

2）控制变量

本节选用了户主农业培训、劳动力转移占比、农业雇工、农业生产外包服务、户主性别、户主年龄、户主受教育程度、户主非农就业培训、家庭现金及存款情况、农地完整度、人均家庭经营面积、农地确权、村庄位置、村庄人均纯收入、村庄耕地流转面积占比、村庄地形等变量作为控制变量，详见表9-1。

表 9-1　变量统计

变量名称	定义与赋值	变量代码	均值	标准差	最小值	最大值
被解释变量						
农村土地经营权转入	农户参与农村土地经营权转入=1;没有参与=0	landin	0.138 9	0.345 9	0	1
农户经营面积	无耕种=0;≤1 亩=1;1～3 亩=2;3～5 亩=3;5～10 亩=4;10～15 亩=5;15～30 亩=6;>30 亩=7	land	2.335 7	2.149 2	0	7
解释变量						
农业信贷	用于农业用途的借贷金额加 1 后取对数	credit	0.523 2	2.361 8	0	15.068 3
中介变量						
生产性资本投入	农机价值加 1 后取对数	capital	0.230 6	0.717 9	0	6.668 2
控制变量						
户主农业培训	是=1;否=0	train	0.288 1	0.453 0	0	1
劳动力转移占比	农业劳动力转移人数占家庭劳动力人数的比例/%	land_transfer	37.630 0	27.480 0	0	1
农业雇工	是=1;否=0	hire	0.093 5	0.291 2	0	1
农业生产外包服务	是=1;否=0	service	0.380 3	0.485 5	0	1
户主性别	男=1;女=0	gender	0.927 3	0.259 7	0	1
户主年龄	岁	age	63.161 3	10.069 9	18	98
户主受教育程度	在校时间/年	edu	7.109 9	3.636 8	0	20
户主非农就业培训	是=1;否=0	train	0.123 0	0.328 5	0	1
家庭现金及存款情况	现金及存款金额加 1 后取对数	deposit	9.150 1	2.954 1	0	16.118 1

续表 9-1

变量名称	定义与赋值	变量代码	均值	标准差	最小值	最大值
农地完整度	耕地面积/地块数/(亩/块)	integrity	1.801 9	5.268 0	0.001 0	300
人均家庭经营面积	亩	land_per	1.724 0	7.181 1	0.004	350
农地确权	未确权=0; 已确权=1	right	0.939 3	0.238 8	0	1
村庄位置	村庄到县城的距离/千米	village_location	20.386 3	15.448 6	2	90.6
村庄人均纯收入	全村人均纯收入取对数	village_income	9.866 1	0.570 1	7.495 5	10.784 0
村庄耕地流转面积占比	村庄耕地流转面积占耕地总面积的比例/%	village_transfer	45.860 0	34.120 0	0	100
村庄地形	平原=1;非平原=0	village_terrain	0.877 0	0.328 5	0	1

2. 模型设计

本节采用中介效应模型进行“农户信贷可得性—生产性资本投入—农村土地经营权转入”作用路径的实证分析。

$$\text{Land}_i = a_0 + a_1 \text{Credit}_i + \lambda_1 X_i + \varepsilon_i \tag{9-1}$$

$$\text{Capital}_i = b_0 + b_1 \text{Credit}_i + \gamma_1 X_i + \varepsilon_i \tag{9-2}$$

$$\text{Land}_i = c_0 + c_1 \text{Credit}_i + c_2 \text{Capital}_i + \eta_1 X_i + \varepsilon_i \tag{9-3}$$

公式(9-1)至公式(9-3)中，Land_i 以农户是否转入农村土地经营权和实际经营面积进行表征，农户是否转入农村土地经营权，是则为1，否则为0，实际经营面积则按不同经营面积进行赋值，作为稳健性检验；Credit_i 为农户的农业信贷金额；Capital_i 为生产性资本投入水平，以农机价值进行表征；X_i 表示一系列影响农户经营权转入的控制变量；$a_0, a_1, \lambda_1, b_0, b_1, \gamma_1, c_0, c_1, c_2, \eta_1$ 均为待估系数；ε_i 为随机扰动项。中介效应模型的具体检验程序如图 9-1 所示。

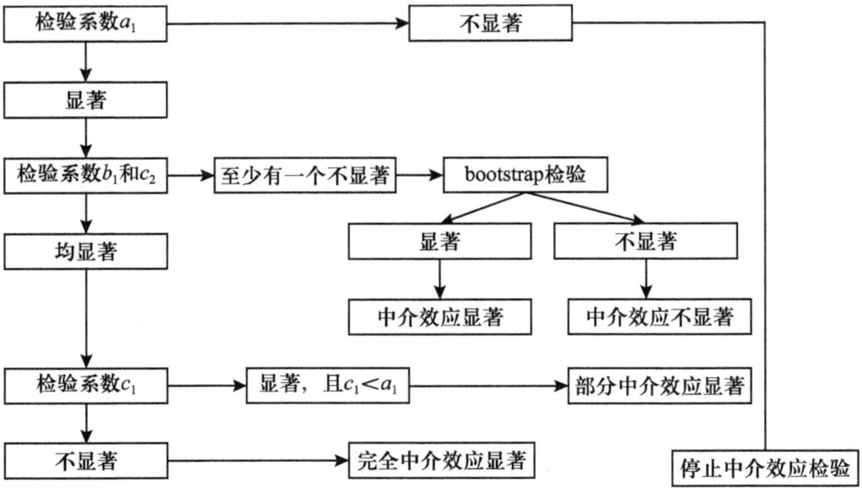

图 9-1　中介效应模型检验顺序

9.2.2　结果分析及稳健性检验

1. 结果分析

如表 9-2 所列，从模型 1 可以看出，农户信贷可得性对农户进行农村土地经营权转入的影响系数为 0.091 1，且在 0.01 的水平下显著；从模型 2 可以看出，农户信贷可得性对生产性资本投入水平影响系数为 0.069 1，且在 0.01 的水平下显著，说明提高农户信贷可得性对其生产性资本投入具有促进作用。在引入生产性资本投入后，农户信贷可得性对农村土地经营权转入的影响依然在 0.01 的水平下显著，说明生产性资本投入在农户信贷可得性影响农村土地经营权转入中发挥了部分中介效应，中介效应占比为 32.94%，即在农户信贷可得性对农户的农村土地经营权转入的影响效应中，平均 32.94%来自生产性资本投入。

表 9-2　“农户信贷可得性—生产性资本投入—农村土地经营权转入”作用路径回归结果

变量名称	农村土地经营权转入 模型 1	生产性资本投入 模型 2	农村土地经营权转入 模型 3
农户信贷	0.091 1***	0.069 1***	0.072 4***
	(0.009 9)	(0.011 1)	(0.010 7)
生产性资本投入	—	—	0.434 3***
			(0.434 3)
户主农业培训	0.227 2***	0.162 5***	0.132 4**
	(0.062 1)	(0.027 4)	(0.064 9)

续表 9-2

变量名称	农村土地经营权转入 模型 1	生产性资本投入 模型 2	农村土地经营权转入 模型 3
劳动力转移占比	−0.488 9***	−0.096 8***	−0.426 1***
	(0.107 7)	(0.036 9)	(0.110 9)
农业雇工	0.652 0***	0.582 3***	0.437 4***
	(0.652 0)	(0.079 7)	(0.088 8)
农业生产外包服务	0.526 6***	−0.002 8	0.538 4***
	(0.064 5)	(0.027 9)	(0.065 9)
户主性别	0.308 4**	0.107 0***	0.254 2*
	(0.135 5)	(0.029 5)	(0.135 0)
户主年龄	−0.020 1***	−0.005 4***	−0.017 1***
	(0.002 9)	(0.001 2)	(0.003 0)
户主受教育程度	−0.013 1	−0.004 5	−0.010 5
	(0.009 2)	(0.002 8)	(0.009 4)
户主非农就业培训	−0.098 5	0.032 9	−0.108 9
	(0.089 5)	(0.039 2)	(0.093 3)
家庭现金及存款情况	0.037 8***	0.006 7	0.033 7***
	(0.010 9)	(0.004 2)	(0.010 8)
农地完整度	0.027 4**	0.007 9***	0.025 2*
	(0.013 3)	(0.002 2)	(0.064 7)
人均家庭经营面积	−0.037 4*	0.011 4***	−0.043 3**
	(0.019 6)	(0.001 6)	(0.021 6)
农地确权	0.211 7	−0.043 7	0.254 5*
	(0.139 1)	(0.043 4)	(0.140 0)
村庄位置	0.002 5	0.000 1	0.002 2
	(0.001 8)	(0.000 6)	(0.001 9)
村庄人均纯收入	−0.129 6***	−0.013 9	−0.129 3**
	(0.048 5)	(0.023 5)	(0.050 5)
村庄耕地流转面积占比	−0.035 7	−0.000 2	−0.037 8
	(0.087 1)	(0.029 2)	(0.091 5)
村庄地形	−0.181 5**	0.021 1	−0.194 2**
	(0.089 1)	(0.031 8)	(0.090 5)
常数项	0.515 6	0.464 3*	0.295 8
	(0.567 5)	(0.249 9)	(0.586 6)
观测值	3 658	3 658	3 658
中介效应占比/%	32.94		

注：*、**、*** 分别表示在 0.1、0.05、0.01 水平下显著。

2. 稳健性检验

考虑到农村土地经营权转入实际上是农地经营面积扩大的手段，本节进一步将被解释变量由农村土地经营权转入换为农地经营面积，作为稳健性检验，使用中介效应模型估计农户信贷可得性对农地经营面积的影响。如表 9-3 所列，从模型 4 可以看出，农户信贷可得性对农户农地经营面积的影响系数为 0.147 7，且在 0.01 的水平下显著；从模型 5 可以看出，农户信贷可得性对生产性资本投入水平的影响系数为 0.069 1，且在 0.01 的水平下显著，说明提高农户信贷可得性对其生产时资本投入具有促进作用。在引入生产性资本投入后，农户信贷可得性对农户的农地经营面积的影响依然在 0.01 的水平下显著，说明生产性资本投入在农户信贷可得性影响农地经营面积中发挥了部分中介效应，中介效应占比为 30.32%，即在农户信贷可得性对农户的农地经营面积的影响效应中，平均 30.32%来自生产性资本的投入。这一结果与“农户信贷可得性—生产性资本投入—农村土地经营权转入”作用路径回归结果一致，进一步增强了结果的稳健性。

表 9-3 “农户信贷可得性—生产性资本投入—农地经营面积”作用路径回归结果

变量名称	农地经营面积 模型 4	生产性资本投入 模型 5	农地经营面积 模型 6
农户信贷	0.147 7***	0.069 1***	0.102 9***
	(0.015 8)	(0.011 1)	(0.015 1)
生产性资本投入	—	—	0.648 1***
			(0.050 0)
控制变量已控制			
常数项	4.640 5***	0.464 3*	4.339 6***
	(0.680 3)	(0.249 9)	(0.675 3)
观测值	3 658	3 658	3 658
中介效应占比/%	30.32		

注：*、*** 分别表示在 0.1、0.01 水平下显著。

本节研究发现在农户信贷可得性对农户的农村土地经营权转入的影响效应中，32.94%来自家庭生产性资本投入的部分中介效应；在农户信贷可得性对农户的农地经营面积的影响效应中，30.32%来自家庭生产性资本投入的部分中介效应，即存在“农户信贷可得性—生产性资本投入—农村土地经营权转入（经营面积扩大）”的作用路径。农户信贷可得性对农村土地经营权流转有效市场发育具有积极的促进作用，有利于从农业资本市场的视角重新理解我国农户的农村土地经营权流转意愿较高而实际参与度低、农村土地经营权流转市场供需发育不完善、农地规模化程度低的流转困境。

9.3 融资诉求效应的实证分析

9.3.1 数据及模型

1. 数据来源

本节使用的数据来源于浙江大学在全国范围内抽样调查形成的中国家庭调查(China Household Panel Survey,CHPS,2019),调查样本覆盖 29 个省(自治区、直辖市),345 个县(含区、县级市),具有全国代表性和省级代表性。在剔除缺失值后,剩余农户样本数量为 8 851 份,其中转入土地的农户完整数据共 1 148 份。

2. 变量说明

1) 被解释变量

(1) 融资需求　因目前农户融资需求普遍被抑制,本节的融资需求为潜在生产性融资需求,主要是指未发生但有融资倾向的生产性融资需求。

(2) 渠道偏好　渠道偏好按既不偏好强监管渠道,也不偏好弱监管渠道;偏好弱监管渠道;两者兼有;偏好强监管渠道依次排序,逐步增加对强监管渠道的偏好程度。

2) 核心解释变量

(1) 农村土地经营权转入　在农户转入土地后,高用地成本及高强度农业投资对农户融资需求会产生影响。

(2) 农村土地经营权转入面积　部分农户在转入农村土地经营权时,也有转出行为的发生,因此用农户的转入面积减去转出面积作为农村土地经营权转入面积。

(3) 流转合同签订　流转合同是否签订很大程度上决定了农户潜在生产性融资需求和对融资渠道的偏好。

(4) 农村土地利用方式　根据农户转入耕地的用途分为种植粮食作物、种植经济作物、畜牧养殖和非农建设,按该顺序,农户转入土地后对土地的利用方式逐渐高端化。

3）控制变量

本节从农户自身角度选取了家庭劳动力、资本深化、家庭收入、风险态度、金融知识、社会资本、金融发展、地区位置作为控制变量。具体内容详见表 9-4。

表 9-4　变量统计

变量	变量名称	指标含义	赋值及单位	样本数量/份	均值	标准差
被解释变量	融资需求	是否因农业生产需要融资	是=1;否=0	8 851	0.156 9	0.363 8
	渠道偏好	更偏好下列哪类融资渠道	既不偏好强监管渠道也不偏好弱监管渠道=0;弱监管渠道=1;二者兼有=2;强监管渠道=3	8 851	0.257 1	0.692 6
解释变量	农村土地经营权转入	是否转入耕地	是=1,否=0	8 851	0.135 4	0.342 2
	农村土地经营权转入面积	转入面积－转出面积	亩	1 148	20.459 0	100.383 5
	流转合同签订	是否签订流转合同	是=1,否=0	1 148	0.830 1	0.692 4
	农村土地利用方式	转入耕地的用途	种植粮食作物=1;种植经济作物=2;畜牧养殖=3;非农建设=4	1 148	1.249 1	0.505 2
控制变量	家庭劳动力	家庭从事农业生产人数	人	8 851	1.956 4	0.818 0
	资本深化	是否雇用或租赁农用机械	是=1,否=0	8 851	0.508 5	0.500 0
	家庭收入	家庭年收入	1 万元以下=1,1 万～2.5 万元=2,2.5 万～5 万元=3,5 万元以上=4	8 851	2.438 0	1.077 9
	风险态度	如果您有一笔资金用于投资,最愿意选择哪种投资项目	不知道=0,不愿意承担任何风险=1,略低风险=2,平均风险=3,略高风险=4,高风险=5	8 851	1.165 3	1.078 9
	金融知识	平时对经济、金融方面的信息关注程度	从不关注=1,很少关注=2,一般=3,很关注=4,非常关注=5	8 851	1.667 9	1.014 6

续表 9-4

变量	变量名称	指标含义	赋值及单位	样本数量/份	均值	标准差
控制变量	社会资本	家庭中是否有村干部	是=1;否=0	8 851	0.059 3	0.236 2
	金融发展	村中是否有金融联络员	有=1;没有=0	8 851	0.845 7	0.361 3
	地区位置	样本在全国所处的位置	东部地区=1;中部地区=2;西部地区=3	8 851	2.036 7	0.800 8

3. 模型设计

本节建立多元 Logit 模型来进行分析。当被解释变量为二元选择变量时，模型的一般形式可写为：

$$y_i = x'_i\beta + \varepsilon_i \tag{9-4}$$

公式(9-4)中，y_i 为虚拟因变量，取值为 1 或 0，该取值分别表示农户是否有潜在融资需求；x'_i 为与农村土地经营权流转等相关的自变量；β 为影响因素的回归系数；ε_i 为随机干扰项。

农户有潜在融资需求的概率为：

$$P(y=1|x)=F(x,\beta)=\frac{\exp(x'\beta)}{1+\exp(x'\beta)} \tag{9-5}$$

将二元 Logit 模型向多元 Logit 模型推广，假设可供个体选择的方案为 $y=1,2,3,\cdots,J$，其中 J 为正数，使用随机效应法，模型一般形式可写为：

$$U_{ij} = x'_i\beta_j + \varepsilon_{ij} \tag{9-6}$$

与二元 Logit 模型不同的是，U_{ij} 代表农户个体 i 选择方案 j 所带来的随机效用。融资渠道偏好 j 可分为四种：既不偏好强监管渠道，也不偏好弱监管渠道；偏好弱监管渠道；两者兼有；偏好强监管渠道。

多元 Logit 模型需要选择参照方案，然后令其相应系数为 $\beta=0$，则农户偏好融资渠道 j 概率为：

$$P(y_i=j \mid x_i)=\begin{cases}\dfrac{1}{1+\sum\limits_{k=2}^{J}\exp(x'_i\beta_k)}(j=1)\\[2ex] \dfrac{\exp(x'_i\beta_j)}{1+\sum\limits_{k=2}^{J}\exp(x'_i\beta_k)}(j=2,\cdots,J)\end{cases} \tag{9-7}$$

公式(9-7)中，$j=1$ 所对应的方案为参照方案。

根据以上分析，本节拟建立四个模型，分别对 8 851 份农户样本、1 148 份农村土地经营权转入户样本进行回归。本节首先对农村土地经营权转入户进行回归，然后对全部农户进行回归，以使结果更加稳健。

公式(9-8)用于判断农村土地经营权转入面积、流转合同签订、农地利用方式对农村土地经营权转入户潜在融资需求的影响程度。

$$\text{Demand}_i = \beta_1 \text{Landin area}_i + \beta_2 \text{Landin contract}_i + \beta_3 \text{Landin use}_i + \beta_4 \text{Contol}_i + \varepsilon_i \tag{9-8}$$

公式(9-9)用于判断农村土地经营权转入面积、流转合同签订、农村土地利用方式对农村土地经营权转入户渠道偏好的影响程度。

$$\text{Preference}_i = \beta_1 \text{Landin area}_i + \beta_2 \text{Landin contract}_i + \beta_3 \text{Landin use}_i + \beta_4 \text{Contol}_i + \varepsilon_i \tag{9-9}$$

公式(9-10)用于判断农村土地经营权转入行为发生与否对全部农户潜在融资需求的影响程度。

$$\text{Demand}_i = \beta_1 \text{Landin}_i + \beta_2 \text{Contol}_i + \varepsilon_i \tag{9-10}$$

公式(9-11)用于判断农村土地经营权转入行为发生与否对全部农户渠道偏好的影响程度。

$$\text{Preference}_i = \beta_1 \text{Landin}_i + \beta_2 \text{Contol}_i + \varepsilon_i \tag{9-11}$$

9.3.2 结果分析及稳健性检验

1. 农村土地经营权流转对农户潜在融资需求的影响

1）结果分析

根据表 9-5 检验结果，模型整体通过了显著性检验，具有统计学意义。模型实证结果表明，转入面积对农户潜在融资需求的影响为正且显著，转入面积越大，农户潜在融资需求越高，转入面积每增加 1 亩，有潜在融资需求的概率就会增加 0.30%，签订流转合同的农户有潜在融资需求的概率是未签订流转合同农户的 1.31 倍，农地利用方式对农户潜在融资需求的影响为正但并不显著。其可能的原因是转入土地的农户为了获取高收益，无论选择哪种利用方式，都选择了高资本的投入方式，所以差异并不明显。在其他控制变量中，金融发展对农户潜在融资需求的影响为负且显著，说明在金融发展越好的地区，农户融资可得性越高，农户潜在融资需求就会越低。

表 9-5 农村土地经营权流转对农户潜在融资需求的影响实证结果(转入户)

变量名称	系数	概率比
农村土地经营权转入面积	0.003 0*	1.003 0*
	(0.001 6)	(0.001 6)
流转合同签订	0.267 3**	1.306 4**
	(0.119 1)	(0.155 6)
农村土地利用方式	0.093 7	1.098 3
	(0.149 7)	(0.164 4)
家庭劳动力	0.120 4	1.127 9
	(0.097 5)	(0.110 0)
资本深化	0.179 8	1.197 0
	(0.158 9)	(0.190 2)
家庭收入	0.032 7	1.033 2
	(0.078 9)	(0.081 5)
风险态度	0.032 8	1.033 4
	(0.073 8)	(0.076 2)
金融知识	−0.016 3	0.983 8
	(0.074 1)	(0.072 9)
社会资本	−0.072 0	0.930 5
	(0.300 2)	(0.279 3)
金融发展	−0.580 5***	0.559 6***
	(0.184 8)	(0.103 4)
地区位置	0.080 9	1.084 2
	(0.108 1)	(0.117 3)
常数项	−2.003 3***	0.134 9***
	(0.502 5)	(0.067 8)
观测值	1 148	
对数似然值	−546.242 1	
Pseudo R^2	0.028 6	
Wald 值	30.03	
p 值	0.001 6	
预测准确率/%	80.84	

注：*、**、*** 分别表示在 0.1、0.05、0.01 水平下显著。

2）稳健性检验

根据表 9-6 的模型实证结果，对于全部农户而言，农村土地经营权流转对农户潜在融资需求的影响为正且显著，表明农村土地经营权转入会增加农户潜在融资需求，转入经营权的农户有潜在融资需求的概率是未转入经营权的农户的 1.26 倍。在其他控制变量中，家庭劳动力、资本深化、风险态度、金融知识和社会资本均显著提高了农户潜在融资需求。从地区位置的影响关系来看，相对于东中部地区的农户而言，西部地区的农户潜在融资需求更高。金融发展对农户潜

表 9-6 农村土地经营权流转对农户潜在融资需求的影响实证结果(全部农户)

变量名称	系数	概率比
农村土地经营权转入	0.231 2***	1.263 1***
	(0.081 6)	(0.102 8)
家庭劳动力	0.157 2***	1.170 3***
	(0.034 7)	(0.040 6)
资本深化	0.113 6*	1.120 3*
	(0.060 0)	(0.067 2)
家庭收入	−0.028 5	0.971 9
	(0.028 3)	(0.027 5)
风险态度	0.156 0***	1.168 8***
	(0.026 4)	(0.030 8)
金融知识	0.098 3***	1.103 3***
	(0.028 0)	(0.030 9)
社会资本	0.216 1*	1.241 2*
	(0.116 7)	(0.144 9)
金融发展	−0.256 6***	0.773 6***
	(0.076 0)	(0.058 8)
地区位置	0.257 5***	1.293 7***
	(0.039 3)	(0.050 8)
常数项	−2.700 4***	0.065 8***
	(0.157 1)	(0.010 3)
观测值	8 851	
对数似然值	−3 763.232 8	
Pseudo R^2	0.021 6	
Wald 值	167.32	
p 值	0.000 0	
预测准确率/%	84.31	

注：*、*** 分别表示在 0.1、0.01 水平下显著。

在融资需求的影响为负且显著，说明在金融发展越好的地区，农户融资可得性越高，农户潜在融资需求就会越低。

2. 农村土地经营权流转对农户融资渠道偏好的影响

1）hausman 检验

在对样本数据进行多元 Logit 回归之前，需检验 IIA 假定是否成立，运用 hausman 检验，结果如表 9-7 所列，当 chi2＜0 或 p 值＞0.1 时，均无法拒绝“无关选择的独立性”这一原假设，说明本节可以应用多元 Logit 模型研究农村土地经营权流转对农户融资渠道的影响。

表 9-7 多元 Logit 模型的豪斯曼检验结果

融资渠道	转入农户			全部农户		结论
	chi2	chi2	chi2	chi2	prob＞chi2	
弱监管渠道	−0.260	2.888	2.888	2.888	—	不能拒绝原假设
两者兼有	0.300	0.384	0.384	0.384	1.000	不能拒绝原假设
强监管渠道	−0.070	6.930	6.930	6.930	—	不能拒绝原假设

注：当 chi2＜0 或 p 值＞0.1 时，结论均支持原假设。

2）结果分析

根据表 9-8 检验结果，模型整体通过了显著性检验，具有统计学意义。对转入农户而言，农村土地经营权转入面积对强监管渠道的影响为正且显著，相对于没有融资需求的农户来说，农村土地经营权转入面积每增加 1 亩，农户从强监管渠道融资的概率就增加 0.37%，说明转入面积越大，农户越偏好强监管渠道。流转合同签订对强监管渠道和弱监管渠道的影响均为正且显著，相对于没有融资需求的农户来说，签订流转合同的农户从弱监管渠道融资的概率是其的 1.31 倍，从强监管渠道融资的概率是其的 1.51 倍，说明签订流转合同的农户更偏好从强监管渠道融资。农地利用方式对两者兼有的影响为正且显著，相对于没有融资需求的农户来说，农户从两者兼有渠道融资的概率是其的 1.93 倍。在其他控制变量中，家庭劳动力人数越多，农户更偏好两者兼有的渠道融资。家庭收入越高，农户越偏好强监管渠道。从地区位置来看，相对于东中部地区的农户而言，西部地区的农户更偏好强监管渠道。金融发展对弱监管渠道和强监管渠道的影响均为负且显著，但对强监管渠道的影响更大，金融发展对强监管渠道的显化作用更大。

表 9-8　转入农户融资渠道偏好的实证结果

变量名称	弱监管渠道		两者兼有		强监管渠道	
	系数	相对风险比	系数	相对风险比	系数	相对风险比
农村土地经营权转入面积	0.002 4	1.002 4	0.003 2	1.003 2	0.003 7**	1.003 7**
	(0.001 8)	(0.001 8)	(0.002 7)	(0.002 7)	(0.001 8)	(0.001 8)
流程合同签订	0.267 9*	1.307 2*	−0.036 1	0.964 6	0.410 8**	1.508 1**
	(0.143 8)	(0.188 0)	(0.314 5)	(0.303 4)	(0.203 0)	(0.306 1)
农村土地利用方式	−0.217 5	0.804 5	0.660 6**	1.936 0**	0.310 6	1.364 2
	(0.211 4)	(0.170 1)	(0.309 7)	(0.599 6)	(0.239 9)	(0.327 3)
家庭劳动力	0.054 9	1.056 5	0.516 7**	1.676 4**	0.081 2	1.084 6
	(0.126 0)	(0.133 1)	(0.221 0)	(0.370 5)	(0.164 0)	(0.177 8)
资本深化	0.140 7	1.151 1	0.709 6	2.033 2	0.021 9	1.022 2
	(0.193 8)	(0.223 1)	(0.453 9)	(0.922 8)	(0.276 2)	(0.282 3)
家庭收入	−0.123 1	0.888 4	0.042 6	1.043 5	0.422 3***	1.525 4***
	(0.095 5)	(0.084 5)	(0.217 1)	(0.226 6)	(0.149 4)	(0.227 9)
风险态度	0.039 5	1.040 2	0.035 4	1.036 0	0.011 7	1.011 8
	(0.088 2)	(0.091 7)	(0.187 2)	(0.193 9)	(0.126 6)	(0.128 1)
金融知识	−0.154 6	0.856 7	0.262 5	1.300 2	0.119 7	1.127 2
	(0.104 5)	(0.089 6)	(0.181 1)	(0.235 5)	(0.126 7)	(0.142 8)
社会资本	0.130 5	1.139 4	−0.153 1	0.858 0	−0.471 0	0.624 4
	(0.365 5)	(0.416 5)	(0.774 0)	(0.664 1)	(0.508 7)	(0.317 6)
金融发展	−0.484 6**	0.616 0**	−0.597 7	0.550 1	−0.755 7**	0.469 7**
	(0.234 0)	(0.144 1)	(0.498 1)	(0.274 0)	(0.303 4)	(0.142 5)
地区位置	−0.141 8	0.867 8	−0.013 7	0.986 4	0.640 9***	1.898 2***
	(0.130 7)	(0.113 4)	(0.280 8)	(0.277 0)	(0.203 2)	(0.385 7)
常数项	−0.931 5	0.394 0	−6.276 0***	0.001 9***	−6.045 7***	0.002 4***
	(0.609 6)	(0.240 2)	(1.286 7)	(0.002 4)	(0.911 9)	(0.002 2)
观测值	1 148					
对数似然值	−721.098 2					
Pseudo R^2	0.053 3					
LR 值	81.26					
p 值	0.000 0					

注：以“没有融资需求”为参照组。

*、**、*** 分别表示在 0.1、0.05、0.01 水平下显著。

3）稳健性检验

根据表 9-9 检验结果，模型整体通过了显著性检验，具有统计学意义。模型分析结果表明，核心自变量回归结果较为显著。农村土地经营权流转对弱监管渠道及两者兼有的影响为正且显著，但两者兼有的相对风险比更高。对于全部农户而言，没有融资需求的农户从弱监管渠道融资的概率是其的 1.24 倍，农户从两者兼有渠道融资的概率是其的 1.74 倍，说明农村土地经营权转入后的农户更偏好从两者兼有渠道融资。在其他控制变量中，家庭劳动力人数越多，社会资本越高，农户更偏好两者兼有的融资渠道。家庭收入、风险态度和金融知识均使农户更偏好强监管渠道。从地区位置来看，相对于东中部地区的农户而言，西部地区的农户更偏好强监管渠道。金融发展对弱监管渠道和强监管渠道的影响均为负且显著，但对强监管渠道的影响更大，金融发展对强监管渠道的显化作用更大。

表 9-9 全部农户融资渠道偏好的实证结果

变量名称	弱监管渠道		两者兼有		强监管渠道	
	系数	相对风险比	系数	相对风险比	系数	相对风险比
农村土地经营权转入	0.212 3**	1.236 5**	0.556 9**	1.745 2**	0.174 1	1.190 2
	(0.098 9)	(0.122 3)	(0.236 8)	(0.413 2)	(0.141 9)	(0.168 8)
家庭劳动力	0.114 6***	1.121 4***	0.310 3***	1.363 8***	0.203 4***	1.225 5***
	(0.042 8)	(0.047 9)	(0.101 7)	(0.138 7)	(0.057 7)	(0.070 7)
资本深化	0.187 8***	1.206 6***	0.156 4	1.169 3	−0.062 5	0.939 4
	(0.072 1)	(0.087 0)	(0.197 6)	(0.231 1)	(0.106 2)	(0.099 8)
家庭收入	−0.143 9***	0.865 9***	0.030 9	1.031 4	0.236 22***	1.261 4***
	(0.034 5)	(0.029 9)	(0.094 9)	(0.097 9)	(0.057 7)	(0.065 1)
风险态度	0.128 9***	1.137 6***	0.186 9**	1.205 5**	0.200 3***	1.221 7***
	(0.031 8)	(0.036 2)	(0.080 3)	(0.096 8)	(0.042 5)	(0.051 9)
金融知识	0.025 4	1.025 7	0.119 8	1.127 2	0.233 5***	1.263 1***
	(0.035 6)	(0.036 5)	(0.089 8)	(0.101 3)	(0.045 3)	(0.057 2)
社会资本	−0.075 5	0.927 2	0.924 2***	2.519 9***	0.413 6**	1.512 2**
	(0.161 7)	(0.149 9)	(0.283 2)	(0.713 7)	(0.176 9)	(0.267 6)
金融发展	−0.232 0**	0.792 9**	−0.288 3	0.749 5	−0.297 1**	0.742 9**
	(0.093 1)	(0.073 8)	(0.247 8)	(0.185 7)	(0.132 0)	(0.098 1)
地区位置	0.198 8***	1.219 9***	0.228 4*	1.256 6*	0.407 8***	1.503 5***
	(0.045 8)	(0.055 9)	(0.125 8)	(0.158 1)	(0.069 1)	(0.103 9)

续表 9-9

变量名称	弱监管渠道		两者兼有		强监管渠道	
	系数	相对风险比	系数	相对风险比	系数	相对风险比
常数项	−2.550 2***	0.078 1***	−5.917 3***	0.002 7***	−5.317 5***	0.004 9***
	(0.186 9)	(0.014 6)	(0.519 6)	(0.001 4)	(0.289 4)	(0.001 4)
观测值	8 851					
对数似然值	−4 872.560 9					
Pseudo R^2	0.027 6					
LR 值	276.64					
p 值	0.000 0					

注：以“没有融资需求”为参照组。

*、**、*** 分别表示在 0.1、0.05、0.01 水平下显著。

本节研究还发现农村土地经营权的流转给我国农户的融资诉求带来了显著影响。在农户潜在融资需求方面，农村土地经营权流转显著增加了农户潜在融资需求。流转规模越大，农户潜在融资需求越高；流转合同签订增强了农村土地经营权流转的稳定性；农地可抵押性增强，农户潜在融资需求越高。在融资渠道偏好方面，基于信贷成本及满足度的考虑，流转后的农户沿着“弱监管渠道—弱监管与强监管两者兼有—强监管渠道”的偏好路径转变，逐步增加对强监管渠道的偏好。流转规模扩大及流转合同的签订会显著提升农户对强监管渠道的偏好。

第10章 研究结论与启示

农村土地经营权流转有效市场的培育是现阶段农业领域的重要任务，也是本研究想要解决的关键问题。当前农村土地经营权流转政策的制定正步入“深水区”，我国的农村土地经营权流转却陷入了内卷化，增速放缓、小农复制等问题突出，深化改革迫在眉睫。确定下一步市场改革方向就需要厘清我国农村土地经营权流转的市场逻辑和农业生产中的要素配置机制。本研究以生产要素配置为视角，对农村土地经营权流转有效市场的发育逻辑进行分析。相关成果不仅可以为农村土地经营权流转研究领域提供新的经验证据，澄清理论界的一些旧有的模糊认识，而且可以为政府管理和调节农村土地经营权流转市场提供政策启示。本研究通过构建农村土地经营权流转市场与要素配置的理论逻辑，综合运用理论与逻辑演绎、计量分析、实地调研等方法，对农村土地经营权流转有效市场的发育逻辑进行理论分析与实证检验。

10.1 农地市场的不均衡性与关联性

从农地及相关要素市场的互动关系来看，尽管农地及相关要素市场化程度有不断上升的趋势，但从全国范围来看，农地及相关要素市场的发育呈现严重的不均衡性，部分地区的劳动力或资本市场的发育滞后于农村土地经营权流转市场。东部地区的各要素市场化程度为农业劳动力市场＞农业资本市场＞农村土地经营权流转市场，中部地区的各要素市场化程度为农业劳动力市场＞农村土地经营权流转市场＞农业资本市场，西部地区的各要素市场化程度为农业资本市场＞农村土地经营权流转市场＞农业劳动力市场，粮食主产区的各要素市场化程度为农业劳动力市场＞农村土地经营权流转市场＞农业资本市场，非粮食主产区的各要素市场化程度为农业资本市场＞农村土地经营权流转市场＞农业劳动力市场。除东部地区外，其他地区均有一个相关要素市场滞后于农村土地经营权流转市场。

10.1.1 农地市场与劳动力市场相互关联

劳动力转移的距离越远，农户转出农村土地经营权的倾向越强，这表明非农就业市场的发育促进了农村土地经营权流转市场的发育。进一步研究发现，农户劳动力转移对农村土地经营权转出的影响存在“门槛效应”，即只有当劳动力转移达到一定比例时，它才对农村土地经营权转出产生显著的正向影响。当前农业劳动力结构变化会抑制农村土地经营权流转的农业全要素生产率。农业劳动力结构中的“老龄化、女性化、兼业化”等特征变化导致了农业劳动力数量与质量的失衡，从而在整体上导致了农业劳动力的弱质化。农业劳动力数量与质量变化促使农地与农业劳动力形成新的自洽均衡，在总体上抑制了农村土地经营权流转的农业全要素生产率的增长效应。同时农业雇用市场的发育对农户超越小规模走向规模化经营具有促进作用。从农户降低交易成本的行为来考量，农业规模经营的演化路径呈现“自有劳动力—农业生产外包服务—自购农业机械”的要素替代趋势。

10.1.2 农地市场与资本市场相互关联

农户信贷可得性的提高会通过增大农户生产性资本投入来促进农村土地经营权流转，存在“农户信贷可得性—生产性资本投入—农村土地经营权转入(经营面积扩大)”的作用路径。同时农村土地经营权流转会给农户带来融资诉求效应。在农户潜在融资需求方面，农村土地经营权流转显著增加了农户潜在融资需求。流转规模越大，农户潜在融资需求越高。流转合同的签订增强了农村土地经营权流转的稳定性。农地可抵押性增强，农户潜在融资需求越高。在融资渠道偏好方面，基于信贷成本及满足度的考虑，流转后的农户沿着“弱监管渠道—弱监管与强监管两者兼有—强监管渠道”的偏好路径转变，逐步增加对强监管渠道的偏好，流转规模扩大及流转合同的签订会显著提升农户对强监管渠道的偏好。

10.2 农地市场的有效性与内卷化

农业劳动力市场和资本市场的发育会影响农村土地经营权流转市场。它主要体现在劳动力市场和资本市场扭曲降低了农村土地经营权流转效率。农业劳动力和资本要素空间失衡会造成周边地区的农村土地经营权流转效率损失，具有空间溢出效应，即劳动力市场和资本市场扭曲不仅对本地区的农村土地经营权流转效率产生了抑制作用，而且对周边地区的农村土地经营权流转效率产生了抑制作用。从空间效应分解来看，资本市场扭曲的间接效应甚至超过了直接效应。根据农村土地经营权流转的农业全要素生产率分解来看，劳动力市场和资本市场扭曲的直接效应主要体现在技术进步效率损失，间接效应主要体现在技术效率损失。劳动力市场和资本市场扭曲直接影响了本地区的技术革新，间接影响了周边地区的资源要素间的协调性，最终造成了农村土地经营权流转效率损失。

从时间差异来看，农村土地经营权流转市场在发育初期对农业技术效率具有拉动效应，促进了农业技术效率的提高，但有效性不足。2016—2020 年的农村土地经营权流转市场进入内卷化阶段，农村土地经营权流转市场对农业技术效率具有抑制作用。农村土地经营权流转率每提高 1 个单位，农业技术效率就降低 2.36%，劳均经营规模每提高 1 个单位，农业技术效率就降低 0.06%。从区域差异来看，农村土地经营权流转对农业技术效率的拉动效应主要集中在粮食主产区，内卷化效应主要集中在非粮食主产区。农村土地经营权流转市场的内卷化效应超过了拉动效应，从而使得农村土地经营权流转市场从整体趋势来看对农业技术效率产生了抑制作用。

10.3　农地市场与多要素市场的互动

从农地市场与劳动力市场的互动来看，农业劳动力市场扭曲会带来农村土地经营权流转效率的损失，劳动力转移导致了劳动力结构变化，农业分工强化了农户流转倾向，农村土地经营权流转具有要素替代效应，因此需要借助农业劳动力市场和农村土地经营权流转市场的互动机制来促进农业分工。农业劳动力市场的发育是小农户通过农村土地经营权流转走向规模经营的关键。农业规模经营的形成需要农村土地经营权流转市场及相关要素市场的发育与匹配。当前农业雇工大多局限于农户之间的帮工、换工或零工雇请，农村土地经营权流转后会面临结构性雇用难题，因此需要推动农业雇工市场的转型升级，培育职业化、专业化和组织化的农业劳动力雇工队伍，推进农业生产经营中的劳动分工，缩小城乡差异，吸引高学历人才进入农业劳动力市场。当前我国对农民的职业教育和培训还存在较大的不足，应加强对农民的基础教育、农业技能培训的投入，以提高农村劳动力的职业能力、农业技术水平。政府部门应牵头成立专门统一的农业劳动力雇用平台和中介组织，为愿意并且有能力成为农业雇工的农民提供及时有效的农业雇工信息，降低农业劳动力雇用的信息搜集成本和雇用双方交易过程中的违约风险，减少劳动力市场扭曲。面对非农就业市场，我们应清楚认识到劳动力转移距离的远近意味着农户进行农业经营的机会成本不同。优化劳动力转移的制度环境，完善微观层面的就业信息发布，消除劳动力流动的信息壁垒，特别是推动我国的户籍制度改革可以更好地实现劳动力的有效转移，以推动农村土地经营权转出，扩大农地供给空间。

从农地市场与农业生产外包服务市场的互动来看，农户在生产过程中会进行农业分工，农户在超小规模经营(≤3 亩)时就开始使用农业生产外包服务，说明农业生产外包服务市场的发展是有必要的。其发展缓解了农业雇工市场的窘境。新型农业经营主体应在农业“耕、种、收”等环节开展托管服务，构建农业生产外包服务平台，建立农机跨区作业通道，以促进农业生产外包服务的连片化与组织化，引导农业生产外包服务供给主体开展抱团式服务，纵向联结农业生产产业链上下游的不同服务主体，横向联结不同服务供给主体，进行农机和技术资源共享，从而发挥规模效益。通过整合农业资源、统一生产经营，降低分散经营的管理成本和机会成本，优化农业生产收益。在农业生产加工领域，开展代耕代种、统防统治、统种统收的全程式、菜单式生产外包服务。同时规范农业生产外包服务市场的质量标准，稳定农业生产外包服务价格。建议将农业补贴投放给农业生产外包服务供给主体，循序渐进地将农机直接补贴转向农机作业，引导农机拥有者或农业生产外包服务提供者根据作业面积进行申报补贴。健全金融贷款优惠制度，降低农业生产外包服务主体的贷款门槛，提高农业生产外包服务组织无息贷款金额。改进用地支持政策，在机械存放、仓储设施等农业设施用地的政策上给予农业生产外包服务主体更多的自由。

从农地市场与农业资本市场的互动来看，农业资本市场扭曲会带来农村土地经营权流转效率的损失。农户信贷可得性具有中介效应，促进了农户生产性资本投入，进一步促进了农村土地经营权流转，同时农村土地经营权流转具有融资诉求效应。因此，需要积极完善农村金融信贷体系结构，为农户提供可靠的信贷资源以及相应的便捷服务。以农村土地确权为基础，将农村土地从福利性转向财产性，以促进土地适度资本化，农民可以具备财产性资本和金融性资本，且便于将其作为信贷抵押品。扩宽渠道引入强监管金融体系，着力满足农户潜在融资需求，充分发挥强监管渠道的支农作用，创新符合农村特点的金融产品和服务方式，完善利率结构，降低农户信贷成本，同时协调发展强监管渠道与弱监管渠道。在政府财政风险补偿、贷款贴息等政策支持下，强监管渠道将在农村地区发挥重要作用，但弱监管渠道同样具有发展空间。当农业资本市场信息不对称、农户缺少抵押担保品时，他们就会考虑弱监管渠道。受到信贷约束的影响，许多农户的融资需求仍表现为潜在融资需求。通过建立并完善农地抵押贷款制度，充分挖掘农村土地经营权的抵押价值，进而改善农户因缺乏抵押担保品而抑制融资需求显化的现状。鼓励农户采用各种新型抵押模式，如宅基地、农机具抵押担保等，以提高农户信贷可得性。农村土地经营权流转市场发育比较成熟的地区可以鼓励金融机构为具有一定规模的经营主体创新定向贷款和提供金融产品。具有农村土地经营权流入意愿的农户可以适度提高农业生产机械购置的补贴金额。在职业划分上，放宽农机补贴对象资质，以吸引更多的农业投资。鼓励农业机械的科研创新，提高农业机械科研投入，针对不同地形、地貌和特殊农作物，研发不同的农业机械，打造适应性强、可靠性能好的农业机械。

参考文献

[1] 阿弗里德·马歇尔. 经济学原理[M]. 廉运杰,译. 北京:华夏出版社,2012:498.

[2] 包宗顺,徐志明,高珊,等. 农村土地流转的区域差异与影响因素:以江苏省为例[J]. 中国农村经济,2009(4):23-30,47.

[3] 蔡昉. 中国劳动力市场发育与就业变化[J]. 经济研究,2007(7):4-14.

[4] 蔡键,黄颖. 改革开放以来农户经营规模扩大的阶段性特征与要素瓶颈分析:基于要素配置的研究视角[J]. 江西财经大学学报,2020(5):92-102.

[5] 蔡键,林晓珊,米运生. 信贷约束真的会制约农户的经营规模吗:基于农业特性的分析视角[J]. 世界农业,2019(8):17-25.

[6] 查华超,裴平. 中国金融市场化水平及测度[J]. 经济与管理研究,2016,37(10):22-30.

[7] 陈思羽,罗必良. 农业要素市场发育程度的区际比较[J]. 新疆农垦经济,2016(3):1-8,41.

[8] 陈秀梅,周国强. 中国资本市场化程度的测定(1990—2010)[J]. 求索,2014(1):72-74.

[9] 陈永伟,胡伟民. 价格扭曲、要素错配和效率损失:理论和应用[J]. 经济学(季刊),2011,10(4):1401-1422.

[10] 陈章喜. 农地承包经营权流转效率:学理与实证[J]. 暨南学报(哲学社会科学版),2014,36(1):97-103,162.

[11] 陈宗胜,陈胜. 中国农业市场化进程测度[J]. 经济学家,1999(3):110-118.

[12] 程军国,秦涛,奇正勋. 中国家庭农场形成机理研究:基于新制度经济学的视角[J]. 世界农业,2020(9):13-19,140.

[13] 大卫·李嘉图. 赋税原理[M]. 王文新,韩冬梅,华弘波,等,译. 北京:人民日报出版社,2009:5.

[14] 戴思锐. 制度创新与农业适度规模经营[J]. 农业技术经济,1995(6):47-51.

[15] 戴维·罗默. 高级宏观经济学[M]. 3 版. 王根蓓,译. 上海:上海财经大学出版社,2009:91-92.

[16] 戴晓春. 我国农业市场化的特征分析[J]. 中国农村经济,2004(4):58-62.

[17] 邓晰隆,陈娟,叶进. 农村生产要素市场化程度测度方法及实证研究:以四川省苍溪县为例[J]. 农村经济,2008(9):50-54.

[18] 丁志国,徐德财,覃朝晖. 被动选择还是主观偏好:农户融资为何更加倾向民间渠道[J]. 农业技术经济,2014(11):52-64.

[19] 樊纲,王小鲁,张立文,等. 中国各地区市场化相对进程报告[J]. 经济研究,2003(3):9-18,89.

[20] 范俞茹,刘玉亭. 生产效率导向下农地流转空间格局优化:以广州ZX镇为例[J]. 热带地理,2022,42(8):1335-1348.

[21] 方师乐,史新杰,高叙文. 非农就业、农机投资和农机服务利用[J]. 南京农业大学学报(社会科学版),2020,20(1):139-149.

[22] 丰雷,魏丽,蒋妍. 论土地要素对中国经济增长的贡献[J]. 中国土地科学,2008,22(12):4-10.

[23] 封玫,邱国良. 农村土地流转市场的关系逻辑及其再生产机制:基于C县T村个案的经验研究[J]. 求实,2020(2):100-108.

[24] 弗·布鲁斯. 社会主义经济的运行问题[M]. 周亮勋,译. 北京:中国社会科学出版社,1984:126.

[25] 弗兰克·奈特. 风险、不确定性和利润[M]. 郭武军,刘亮,译. 北京:华夏出版社,2013:212-213.

[26] 弗里德里希·哈耶克,柳欣. 价格制度是一种使用知识的机制[J]. 经济社会体制比较,1989(5):58-64.

[27] 付江涛,纪月清,胡浩. 新一轮承包地确权登记颁证是否促进了农户的土地流转:来自江苏省3县(市、区)的经验证据[J]. 南京农业大学学报(社会科学版),2016,16(1):105-113,165.

[28] 盖庆恩,程名望,朱喜,等. 土地流转能够影响农地资源配置效率吗:来自农村固定观察点的证据[J]. 经济学(季刊),2020,20(1):321-340.

[29] 盖庆恩,朱喜,程名望,等. 要素市场扭曲、垄断势力与全要素生产率[J]. 经济研究,2015,50(5):61-75.

[30] 高帆. 我国区域农业全要素生产率的演变趋势与影响因素:基于省际面板数据的实证分析[J]. 数量经济技术经济研究,2015,32(5):3-19.

[31] 高佳,宋戈. 农村劳动力转移规模对农地流转的影响[J]. 经济地理,2020,40(8):172-178.

[32] 高建设. 农地流转价格失灵:解释与影响[J]. 求实,2019(6):92-106,110.

[33] 高梦滔,张颖. 小农户更有效率:八省农村的经验证据[J]. 统计研究,2006(8):

21-26.

[34] 郜亮亮. 中国农户在农地流转市场上能否如愿以偿:流转市场的交易成本考察[J]. 中国农村经济,2020(3):78-96.

[35] 官斌斌,郭庆海. 现阶段农村地租:水平、影响因素及其效应[J]. 农村经济,2019(3):23-32.

[36] 郭贯成,丁晨曦. 土地细碎化对粮食生产规模报酬影响的量化研究:基于江苏省盐城市、徐州市的实证数据[J]. 自然资源学报,2016,31(2):202-214.

[37] 韩春虹,张德元. 市场化运作的农地流转模式:一个分析框架[J]. 内蒙古社会科学(汉文版),2018,39(5):62-67.

[38] 韩海彬,张莉. 农业信息化对农业全要素生产率增长的门槛效应分析[J]. 中国农村经济,2015(8):11-21.

[39] 韩旭东,王若男,杨慧莲,等. 土地细碎化、土地流转与农业生产效率:基于全国2 745个农户调研样本的实证分析[J]. 西北农林科技大学学报(社会科学版),2020,20(5):143-153.

[40] 何广文,何婧,郭沛. 再议农户信贷需求及其信贷可得性[J]. 农业经济问题,2018(2):38-49.

[41] 洪建国,杨钢桥. 生产要素市场发育与农户生产行为决策:基于江汉平原与太湖平原的农户调查[J]. 华中农业大学学报(社会科学版),2012(2):23-28.

[42] 洪名勇,何玉凤. 邻里效应及其对农地流转选择行为的影响机制研究:基于贵州省540户农户的调查[J]. 农业技术经济,2020(9):4-19.

[43] 侯建昀,霍学喜. 信贷可得性、融资规模与农户农地流转:以专业化生产农户为例[J]. 中国农村观察,2016(6):29-39.

[44] 侯明利. 劳动力流动与农地流转的耦合协调研究[J]. 暨南学报(哲学社会科学版),2013,35(10):150-155.

[45] 胡凌啸. 中国农业规模经营的现实图谱:"土地+服务"的二元规模化[J]. 农业经济问题,2018(11):20-28.

[46] 胡鹏辉,吴存玉,吴惠芳. 中国农业现代化发展道路争议评述[J]. 中国农业大学学报(社会科学版),2016,33(4):57-65.

[47] 胡新艳,洪炜杰,王梦婷,等. 中国农村三大要素市场发育的互动关联逻辑:基于农户多要素联合决策的分析[J]. 中国人口·资源与环境,2017,27(11):61-68.

[48] 胡轶歆,霍学喜,孔荣. 新型农业经营主体培育:政策演变与实践响应[J]. 经济与管理研究,2022,43(8):94-107.

[49] 黄惠春. 农村土地承包经营权抵押贷款可得性分析:基于江苏试点地区的经验证据

[J]. 中国农村经济,2014(3):48-57.
[50] 黄贤金,张安录. 土地经济学[M]. 北京:中国农业大学出版社,2016:80.
[51] 黄宗智. 华北的小农经济与社会变迁[M]. 北京:中华书局,2000:6.
[52] 黄宗智. 制度化了的"半工半耕"过密型农业:上[J]. 读书,2006(2):30-37.
[53] 惠献波. 农户土地承包经营权抵押贷款潜在需求及其影响因素研究:基于河南省四个试点县的实证分析[J]. 农业经济问题,2013,34(2):9-15,110.
[54] 冀名峰,李琳. 农业生产托管:农业服务规模经营的主要形式[J]. 农业经济问题,2020(1):68-75.
[55] 冀县卿,钱忠好,李友艺. 土地经营规模扩张有助于提升水稻生产效率吗:基于上海市松江区家庭农场的分析[J]. 中国农村经济,2019(7):71-88.
[56] 蒋永穆,王瑞. 农业经营主体的结构性分化:一个基于要素配置方式的分析框架[J]. 求索,2020(1):132-140.
[57] 金贵,邓祥征,陈冬冬,等. 黄淮海平原农地流转空间分布与格局特征[J]. 资源科学,2016,38(8):1515-1524.
[58] 卡尔·门格尔. 国民经济学原理[M]. 刘絜敖,译. 上海:上海世纪出版集团,2005:91-92.
[59] 阚立娜,李录堂,文龙娇. 金融支持对农地产权流转效率影响的实证研究:以陕西省杨凌示范区为例[J]. 华东经济管理,2015,29(8):55-61.
[60] 康晨,刘家成,徐志刚. 农业生产外包服务对农村土地流转租金的影响[J]. 中国农村经济,2020(9):105-123.
[61] 亢霞,刘秀梅. 我国粮食生产的技术效率分析:基于随机前沿分析方法[J]. 中国农村观察,2005(4):25-32.
[62] 匡远配,陆钰凤. 我国农地流转"内卷化"陷阱及其出路[J]. 农业经济问题,2018(9):33-43.
[63] 匡远配,唐文婷,刘志雄. 农地流转中资本增密及其风险分析[J]. 管理世界,2016(5):180-181.
[64] 匡远配. 我国城乡收入差距:基于要素收入流的一个解释[J]. 农业经济问题,2013(2):76-84.
[65] 莱昂·瓦尔拉斯. 纯粹经济学要义[M]. 蔡受百,译. 北京:商务印书馆,1989:55.
[66] 黎东升,刘小乐. 我国农村土地流转创新机制研究:基于政府干预信息披露的博弈分析[J]. 农村经济,2016(2):34-38.
[67] 李宏岳. 农地流转资产化的特征与演进博弈模型研究[J]. 华东经济管理,2019,33(4):174-184.

[68] 李辉. 土地资源配置、利用效率与区域经济增长[D]. 长沙:湖南大学,2016.
[69] 李俊丽,盖凯程. 农地市场性流转的深化:基于有效保障的视角[J]. 理论导刊,2011(5):54-56.
[70] 李克,杨小凯,张杭辉,等. 劳动分工、专业化与侵占行为:"霍布斯丛林法则"的一般均衡分析[J]. 南大商学评论,2005(1):74-94.
[71] 李旻,赵连阁. 农业劳动力"女性化"现象及其对农业生产的影响:基于辽宁省的实证分析[J]. 中国农村经济,2009(5):61-69.
[72] 李尚蒲,罗必良. 中国城乡土地市场化:估算与比较[J]. 南方经济,2016(4):24-36.
[73] 李松泽,王颜齐,宋雨薇. 土地经营权抵押贷款供给的偏离与改进:基于政府与金融机构的博弈分析[J]. 学习与探索,2022(2):144-152.
[74] 李韬,罗剑朝. 农户土地承包经营权抵押贷款的行为响应:基于 Poisson Hurdle 模型的微观经验考察[J]. 管理世界,2015(7):54-70.
[75] 李文明,罗丹,陈洁,等. 农业适度规模经营:规模效益、产出水平与生产成本:基于1552 个水稻种植户的调查数据[J]. 中国农村经济,2015(3):4-17,43.
[76] 李宗正,姚开建,于同申. 西方农业经济思想[M]. 北京:中国物资出版社,1996:351-421.
[77] 林文声. 土地依赖、社会关系嵌入与农地非市场化流转[J]. 农村经济,2015(12):85-88.
[78] 刘芬华. 是何因素阻碍了中国农地流转:基于调研结果及相关观点的解析[J]. 经济学家,2011(2):83-92.
[79] 刘凤芹. 农业土地规模经营的条件与效果研究:以东北农村为例[J]. 管理世界,2006(9):71-79,171-172.
[80] 刘洪玉,姜沛言. 中国土地市场供给的价格弹性及其影响因素[J]. 清华大学学报(自然科学版),2015,55(1):56-62.
[81] 刘金山,何炜. 我国利率市场化进程测度:观照发达国家[J]. 改革,2014(10):20-27.
[82] 刘书楷,曲福田,费仕良. 农村土地流转市场与集中机制[J]. 中国土地科学,1993,7(6):6-10.
[83] 刘学军,赵耀辉. 劳动力流动对城市劳动力市场的影响[J]. 经济学(季刊),2009,8(2):693-710.
[84] 刘洋,余国新. 农业社会化服务对土地规模经营的影响:基于棉花产业的实证研究[J]. 经济问题,2022(1):93-100.
[85] 刘颖,南志标. 农地流转对农地与劳动力资源利用效率的影响:基于甘肃省农户调查数据的实证研究[J]. 自然资源学报,2019(5):957-974.

[86] 刘志成. 要素市场化配置的主要障碍与改革对策[J]. 经济纵横,2019(3):93-101.

[87] 柳凌韵,周宏. 正规金融约束、规模农地流入与农机长期投资:基于水稻种植规模农户的数据调查[J]. 农业经济问题,2017,38(9):65-76.

[88] 卢新海,李佳,刘超,等. 中国城市土地绿色利用效率驱动因素及空间分异[J]. 地理科学,2022,42(4):611-621.

[89] 吕守军,代政,孙健. 社会养老、代际支持与土地流转:基于CHARLS数据的实证分析[J]. 经济经纬,2019,36(6):25-31.

[90] 罗必良,洪炜杰. 农地确权与农户要素配置的逻辑[J]. 农村经济,2020 (1):1-7.

[91] 罗必良. 小农经营、功能转换与策略选择:兼论小农户与现代农业融合发展的"第三条道路"[J]. 农业经济问题,2020(1):29-47.

[92] 罗德明,李晔,史晋川. 要素市场扭曲、资源错置与生产率[J]. 经济研究,2012,47(3):4-14,39.

[93] 罗浩轩. 农业要素禀赋结构、农业制度安排与农业工业化进程的理论逻辑探析[J]. 农业经济问题,2021(3):4-16.

[94] 梅付春,马开轩. 农业适度规模经营路径之争:土地规模还是服务规模[J]. 经济经纬,2022,39(2):46-56.

[95] 美国估价协会. 不动产估价[M]. 11版. 不动产估价翻译委员会,译. 北京:地质出版社,2001:56.

[96] 孟令杰,张红梅. 中国小麦生产的技术效率地区差异[J]. 南京农业大学学报(社会科学版),2004(2):13-16.

[97] 米运生,曾泽莹,高雅佳. 农地转出、信贷可得性与农户融资模式的正规化[J]. 农业经济问题,2017(5):36-45,110-111.

[98] 聂正彦. 农业劳动力老龄化对农业生产的影响分析:基于甘肃省4市6县调查数据[J]. 国家行政学院学报,2015(6):107-111.

[99] 牛星,吴岳婷,吴冠岑. 流转水平差异下农地利用效率的变化研究:以江苏省45个县(市)为例[J]. 中国农业资源与区划,2021,42(6):127-135.

[100] 彭代彦,文乐. 农村劳动力老龄化、女性化降低了粮食生产效率吗:基于随机前沿的南北方比较分析[J]. 农业技术经济,2016(2):32-44.

[101] 彭代彦,吴翔. 中国农业技术效率与全要素生产率研究:基于农村劳动力结构变化的视角[J]. 经济学家,2013(9):68-76.

[102] 戚焦耳,郭贯成,陈永生. 农地流转对农业生产效率的影响研究:基于DEA-Tobit模型的分析[J]. 资源科学,2015,37(9):1816-1824.

[103] 钱龙,陈会广,叶俊焘. 成员外出务工、家庭人口结构与农户土地流转参与:基于

CFPS 的微观实证[J]. 中国农业大学学报,2019,24(1):184-193.

[104] 钱文荣,朱嘉晔,钱龙,等. 中国农村土地要素市场化改革探源[J]. 农业经济问题,2021(2):4-14.

[105] 乔世君. 中国粮食生产技术效率的实证研究:随机前沿面生产函数的应用[J]. 数理统计与管理,2004(3):11-16,64.

[106] 仇焕广,刘乐,李登旺,等. 经营规模、地权稳定性与土地生产率:基于全国 4 省地块层面调查数据的实证分析[J]. 中国农村经济,2017(6):30-43.

[107] 仇童伟,罗必良. 农业要素市场建设视野的规模经营路径[J]. 改革,2018(3):90-102.

[108] 任旭峰. 经济理论演进中的土地概念辨析[J]. 山东社会科学,2011 (6):96-101.

[109] 萨伊. 政治经济学概论[M]. 陈福生,陈振骅,译. 北京:商务印书馆,2009:59.

[110] 尚旭东,常倩,王士权. 政府主导农地流转的价格机制及政策效应研究[J]. 中国人口·资源与环境,2016,26(8):116-124.

[111] 尚旭东,朱守银. 农地流转补贴政策效应分析:基于挤出效应、政府创租和目标偏离视角[J]. 中国农村观察,2017(6):43-56.

[112] 史常亮,占鹏,朱俊峰. 土地流转、要素配置与农业生产效率改进[J]. 中国土地科学,2020,34(3):49-57.

[113] 孙文凯,赵忠,单爽,等. 中国劳动力市场化指数构建与检验[J]. 经济学(季刊),2020,19(4):1515-1536.

[114] 孙新华. 农业经营主体:类型比较与路径选择:以全员生产效率为中心[J]. 经济与管理研究,2013(12):59-66.

[115] 覃美英,程启智. 农地使用权流转市场有效需求不足的成因研究[J]. 理论导刊,2007(3):67-39.

[116] 谭燕芝,叶程芳. 金融可得性视角下的农地流转与农村居民收入[J]. 经济与管理研究,2021,42(11):93-103.

[117] 田传浩,贾生华. 农地制度、地权稳定性与农地使用权市场发育:理论与来自苏浙鲁的经验[J]. 经济研究,2004(1):112-119.

[118] 田剑英. 农地金融支持农业规模化经营的模式与机理[J]. 农村经济,2019(8):68-78.

[119] 汪昌云,钟腾,郑华懋. 金融市场化提高了农户信贷获得吗:基于农户调查的实证研究[J]. 经济研究,2014,49(10):33-45,178.

[120] 王德福. 制度障碍抑或市场不足:农地产权抵押改革的限制因素探析[J]. 求实,2017(5):79-88.

[121] 王建康,谷国锋. 土地要素对中国城市经济增长的贡献分析[J]. 中国人口·资源与环境,2015,25(8):10-17.

[122] 王京安,罗必良. 论市场的真实含义[J]. 华南农业大学学报(社会科学版),2002(2):17-22.

[123] 王倩,余劲. 农地流转对粮食生产投入产出的冲击效应[J]. 西北农林科技大学学报(社会科学版),2015,15(4):27-33.

[124] 王珊,洪名勇,钱文荣. 农地流转中的政府作用与农户收入:基于贵州省608户农户调查的实证分析[J]. 中国土地科学,2020,34(3):39-48.

[125] 王珊,洪名勇,吴昭洋,等. 不同农地经营权流转方式的空间依赖性分析[J]. 中国土地科学,2018,32(8):44-51.

[126] 王雪琪,曹铁毅,邹伟. 地方政府干预农地流转对生产效率的影响:基于水稻种植户的分析[J]. 中国人口·资源与环境,2018,28(9):133-141.

[127] 王亚辉,李秀彬,辛良杰,等. 中国土地流转的区域差异及其影响因素:基于2003—2013年农村固定观察点数据[J]. 地理学报,2018,73(3):487-502.

[128] 王亚辉,李秀彬,辛良杰. 山区土地流转过程中的零租金现象及其解释:基于交易费用的视角[J]. 资源科学,2019,41(7):1339-1349.

[129] 王岩. 差序治理与农地流转合约方式选择:理论框架及基于赣、辽两省调研数据的实证检验[J]. 西部论坛,2017,27(1):30-38.

[130] 威廉·配第. 赋税论(全译本)[M]. 薛东阳,译. 武汉:武汉大学出版社,2011:8.

[131] 吴国松,姚升. 要素市场扭曲对农业全要素生产率空间影响效应分解研究[J]. 中国农业资源与区划,2021,42(12):217-227.

[132] 吴淑珍. 土地托管面积对土地生产率的影响研究[D]. 合肥:安徽大学,2018.

[133] 西奥多·W. 舒尔茨. 报酬递增的源泉[M]. 姚志勇,刘群艺,译. 北京:北京大学出版社,2001:133-136.

[134] 西奥多·W. 舒尔茨. 改造传统农业[M]. 梁小民,译. 北京:商务印书馆,2006:132-133.

[135] 习近平. 论中国农村市场化进程测度[J]. 经济学动态,2001(11):11-17.

[136] 夏玉莲,匡远配,曾福生. 农地流转、区域差异与效率协调[J]. 经济学家,2016(3):87-95.

[137] 夏玉莲,曾福生. 农地流转的经济效应及其空间溢出:基于"三化"发展的视角[J]. 技术经济,2012,31(11):56-62.

[138] 夏柱智,贺雪峰. 半工半耕与中国渐进城镇化模式[J]. 中国社会科学,2017(12):117-137,207-208.

[139] 肖红波,王济民. 新世纪以来我国粮食综合技术效率和全要素生产率分析[J]. 农业技术经济,2012(1):36-46.

[140] 谢地,李梓旗."三权分置"背景下农村土地规模经营与服务规模经营协调性研究[J]. 经济学家,2021(6):121-128.

[141] 徐临,曹华清. 农村民间金融风险控制研究[M]. 北京:中国社会科学出版社,2017:8-9.

[142] 徐志刚,宁可,钟甫宁,等. 新农保与农地转出:制度性养老能替代土地养老吗:基于家庭人口结构和流动性约束的视角[J]. 管理世界,2018,34(5):86-97,180.

[143] 许波,卢召艳,杨胜苏,等. 湖南省农业生产效率演变与影响因素[J]. 经济地理,2022,42(3):141-149.

[144] 许红梅,郭炎,李志刚,等. 大城市近郊农地流转的时空特征及影响因素:武汉蔡甸区为例[J]. 地理科学,2020,40(12):2055-2063.

[145] 许红梅,郭炎,李志刚,等. 资本循环视角下农地流转的空间格局与机制:以武汉市蔡甸区为例[J]. 地理研究,2021,40(4):994-1007.

[146] 许庆,尹荣梁,章辉.规模经济、规模报酬与农业适度规模经营:基于我国粮食生产的实证研究[J]. 经济研究,2011,46(3):59-71,94.

[147] 亚当·斯密. 国民财富的性质和原因的研究:上卷[M]. 王亚南,译. 北京:商务印书馆,2009:359.

[148] 鄢姣,王锋,袁威. 农地流转、适度规模经营与农业生产效率[J]. 资源开发与市场,2018,34(07):947-955.

[149] 杨丹,高汉. 信贷市场与农地使用权流转:基于双变量 Probit 模型的实证分析[J]. 世界经济文汇,2012(2):60-73.

[150] 杨进,钟甫宁,陈志钢,等. 农村劳动力价格、人口结构变化对粮食种植结构的影响[J]. 管理世界,2016(1):78-87.

[151] 杨小凯,张永生. 新兴古典发展经济学导论[J]. 经济研究,1999(7):67-77.

[152] 姚洋. 农地制度与农业绩效的实证研究[J]. 中国农村观察,1998(6):3-12.

[153] 姚洋. 中国农地制度:一个分析框架[J]. 中国社会科学,2000(2):54-65,206.

[154] 姚增福,刘欣. 要素禀赋结构升级、异质性人力资本与农业环境效率[J]. 人口与经济,2018(2):37-47.

[155] 叶剑平,马长发,张庆红. 土地要素对中国经济增长贡献分析:基于空间面板模型[J]. 财贸经济,2011(4):111-116,124.

[156] 叶敬忠,朱炎洁,杨洪萍. 社会学视角下的农户金融需求与农村金融供给[J]. 中国农村经济,2004(8):31-37,43.

[157] 殷浩栋，汪三贵，王彩玲．农户非正规金融信贷与正规金融信贷的替代效应：基于资本禀赋和交易成本的再审视[J]．经济与管理研究，2017，38(9)：64-73.

[158] 于爱华，吴松，王琳，等．农业劳动力女性化对粮食生产的影响研究：基于土地流转及外包服务市场发育的视角[J]．中国农业资源与区划，2021，42(5)：51-59.

[159] 袁士超，王健．农地经营权流转的农户融资诉求效应研究：基于中国家庭调查数据的实证分析[J]．中国土地科学，2021，35(6)：38-47.

[160] 袁志刚，林燕芳．劳动力迁移、经济活动空间分布与中国未来区域一体化趋势：一个空间与经济地理学文献综述的视角[J]．社会科学战线，2020(10)：77-88.

[161] 约翰·穆勒．政治经济学原理及其在社会哲学上的若干应用[M]．胡企林，朱泱，译．北京：商务印书馆，2009：42.

[162] 翟黎明，夏显力，吴爱娣．政府不同介入场景下农地流转对农户生计资本的影响：基于 PSM-DID 的计量分析[J]．中国农村经济，2017(2)：2-15.

[163] 张景娜，史墨．农地经营权流转市场治理[J]．西北农林科技大学学报(社会科学版)，2021，21(1)：97-104.

[164] 张乐，曹静．中国农业全要素生产率增长：配置效率变化的引入[J]．中国农村经济，2013(3)：4-15.

[165] 张连华，霍学喜．农地市场交易收益效应研究：基于黄土高原苹果优势区苹果户的分析[J]．中国土地科学，2019，33(12)：27-36.

[166] 张龙耀，王梦珺，刘俊杰．农民土地承包经营权抵押融资改革分析[J]．农业经济问题，2015，36(2)：70-78，111.

[167] 张露，罗必良．农业的减量化逻辑：一个分析框架[J]．农业经济问题，2022(4)：15-26.

[168] 张鹏，高波，李智．政府城市土地市场垄断的产业经济分析：结构、行为与绩效[J]．城市发展研究，2014，21(1)：31-36.

[169] 张晓晶，李成，李育．扭曲、赶超与可持续增长：对政府与市场关系的重新审视[J]．经济研究，2018，53(1)：4-20.

[170] 张云华，郭铖．农业经营体制创新的江苏个案：土地股份合作与生产专业承包[J]．改革，2013(2)：151-158.

[171] 张璋，周海川．非农就业、保险选择与土地流转[J]．中国土地科学，2017，31(10)：42-52.

[172] 赵保海．农地保障制度创新的方向：农地资本化：兼谈农地资本化的约束与对策[J]．河南师范大学学报(哲学社会科学版)，2015，42(3)：56-60.

[173] 赵翠萍，侯鹏，张良悦．三权分置下的农地资本化：条件、约束及对策[J]．中州学

刊,2016(7):38-42.

[174] 赵茂,杨洋,刘大鹏. 中国金融市场化指数的度量研究[J]. 统计与决策,2019,35(10):149-152.

[175] 赵山. 纳什均衡与一般均衡的关系研究[J]. 数量经济技术经济研究,2005(1):138-143.

[176] 赵思诚,许庆,刘进. 劳动力转移、资本深化与农地流转[J]. 农业技术经济,2020(3):4-19.

[177] 钟真,施臻韬,曹世祥. 小农户农业生产环节外包的主观意愿与客观程度的差异研究[J]. 华中农业大学学报(社会科学版),2021(1):81-89.

[178] 周诚. 土地经济学原理[M]. 北京:商务印书馆,2003:284.

[179] 周娟. 土地流转与规模经营的重新解读:新型农业服务模式的发展与意义[J]. 华中农业大学学报(社会科学版),2017(4):88-93,149.

[180] 周来友,饶芳萍,马贤磊,等. 丘陵地区非农就业类型对农地流转的影响:基于江西省东北部农户调查数据的分析[J]. 资源科学,2017,39(2):209-219.

[181] 周敏,雷国平,匡兵. 信息不对称下的农地流转"柠檬"市场困境:以黑龙江省西城村例证[J]. 华中农业大学学报(社会科学版),2017(4):118-123,150.

[182] 周其仁. 家庭经营的再发现:论联产承包制引起的农业经营组织形式的变革[J]. 中国社会科学,1985(2):31-47.

[183] 周叔莲,郭克莎. 资源配置与市场经济:上[J]. 管理世界,1993(4):38-48,224-225.

[184] 周泽宇,余航,吴比. 农业生产率测度、无效流转与土地配置:基于一个"U形"关系的识别[J]. 经济科学,2019(6):104-116.

[185] 朱道林. 不动产估价[M]. 北京:中国农业大学出版社,2007:6.

[186] 朱道林. 土地要素配置与经济增长的辩证关系探讨[J]. 中国土地,2023(5):22-24.

[187] 朱文珏,罗必良. 农地价格幻觉:由价值评价差异引发的农地流转市场配置"失灵":基于全国9省(区)农户的微观数据[J]. 中国农村观察,2018(5):67-81.

[188] 朱喜,史清华,盖庆恩. 要素配置扭曲与农业全要素生产率[J]. 经济研究,2011,46(5):86-98.

[189] 祝国平,郭连强,李新光. 农村土地经营权规模化流转溢价:客观事实、结构特征与政策取向[J]. 改革,2021(1):125-133.

[190] 邹秀清,黄砺. 中国城市土地市场有效性的实证研究[J]. 资源开发与市场,2012,28(6):534-538.

[191] ANH N T,GAN C,ANH D L T. Multi-market credit rationing:the determinants of and impacts on farm performance in Vietnam[J]. Economic Analysis and Policy,

2022,75:159-173.

[192] AWASTHI M K. Dynamics and resource use efficiency of agricultural land sales and rental market in India[J]. Land Use Policy,2009,26(3):736-743.

[193] BARDHAN P K. Interlocking factor markets and agrarian development:a review of issues[J]. Oxford Economic Papers,1980,32(1):82-98.

[194] BARDHAN P K. Size,productivity,and returns to scale:an analysis of farm-level data in Indian agriculture[J]. Journal of Political Economy, 1973, 81(6): 1370-1386.

[195] BESLEY T. Property rights and investment incentives:theory and evidence from China[J]. The Journal of Political Economy,1995,103(5):903 - 937.

[196] BHARADWAJ P. Fertility and rural labor market inefficiencies:evidence from India[J]. Journal of Development Economics,2015,115:217-232.

[197] BOUCHER S R,CARTER M R,GUIRKINGER C. Risk rationing and wealth effects in credit markets:theory and implications for agricultural development[J]. American Journal of Agricultural Economics,2008,90(2):409-423.

[198] BRADFIELD T,BUTLER R,DILLON E J,et al. The factors influencing the profitability of leased land on dairy farms in Ireland[J]. Land Use Policy, 2020, 95:104649.

[199] BRAVERMAN A,STIGLITZ J E. Sharecropping and the interlinking of agrarian markets[J]. The American Economic Review,1982,72(4):695-715.

[200] CARLETTO C,SAVASTANO S,ZEZZA A. Fact or artifact:the impact of measurement errors on the farm size-productivity relationship[J]. Journal of Development Economics,2013(103):254-261.

[201] CARTER M R. Identification of the inverse relationship between farm size and productivity:an empirical analysis of peasant agricultural production[J]. Oxford Economic Papers,1984,36(1):131-145.

[202] CHARI A,LIU E M,WANG S Y,et al. Property rights,land misallocation,and agricultural efficiency in China[J]. The Review of Economic Studies,2021,88(4): 1831-1862.

[203] CHEN T,RIZWAN M,ABBAS A. Exploring the role of agricultural services in production efficiency in Chinese agriculture: a case of the socialized agricultural service system[J]. Land,2022,11(3):347.

[204] CORNIA G A. Farm size,land yields and the agricultural production function:an a-

nalysis for fifteen developing countries[J]. World Development, 1985, 13(4): 513-534.

[205] DE BRAUW A,ROZELLE S. Migration and household investment in rural China [J]. China Economic Review,2008,2(19):320-335.

[206] DEININGER K,JIN S,NAGARAJAN H K. Determinants and consequences of land sales market participation:panel evidence from India[J]. World Development, 2009,37(2):410-421.

[207] DEININGER K,JIN S,NAGARAJAN H K. Efficiency and equity impacts of rural land rental restrictions:evidence from India[J]. European Economic Review,2008, 52(5):892-918.

[208] DEININGER K,JIN S. Land sales and rental markets in transition:evidence from rural Vietnam[J]. Oxford bulletin of Economics and Statistics, 2008, 70(1): 67-101.

[209] DUONG P B,IZUMIDA Y. Rural development finance in Vietnam:a microeconometric analysis of household surveys[J]. World Development, 2002, 30(2): 319-335.

[210] FAMA,E F. Efficient capital markets:a review of theory and empirical work[J]. Journal of Finance,1970,25(2):383-417.

[211] FAN S,CHAN - KANG C. Is small beautiful:farm size,productivity,and poverty in Asian agriculture[J]. Agricultural Economics,2005,32:135-146.

[212] FEI R,LIN Z,CHUNGA J. How land transfer affects agricultural land use efficiency:evidence from China's agricultural sector[J]. Land Use Policy, 2021, 103:105300.

[213] FENG L,ZHANG M,LI Y,et al. Satisfaction principle or efficiency principle? Decision-making behavior of peasant households in China's rural land market[J]. Land Use Policy,2020,99:104943.

[214] FERREIRA M D P,FÉRES J G. Farm size and land use efficiency in the Brazilian Amazon[J]. Land Use Policy,2020,99:104901.

[215] GAO J,SONG G,SUN X. Does labor migration affect rural land transfer:evidence from China[J]. Land Use Policy,2020,99:105096.

[216] GAO X,SHI X,FANG S. Property rights and misallocation:evidence from land certification in China[J]. World Development,2021,147:105632.

[217] GOODWIN B K,MISHRA A K. Farming efficiency and the determinants of multi-

ple Job holding by farm[J]. 2004,3(86):722-729.

[218] HELTBERG R. Rural market imperfections and the farm size:productivity relationship: evidence from Pakistan [J]. World Development, 1998, 26 (10): 1807-1826.

[219] HSIEH C T,KLENOW P J. Misallocation and manufacturing TFP in China and India[J]. Social Science Electronic Publishing,2009,4(124):1403-1448.

[220] HUY H T,NGUYEN T T. Cropland rental market and farm technical efficiency in rural Vietnam[J]. Land Use Policy,2019,81:408-423.

[221] ITO J,NISHIKORI M,TOYOSHI M,et al. The contribution of land exchange institutions and markets in countering farmland abandonment in Japan[J]. Land Use Policy,2016,57:582-593.

[222] JI Y,YU X,ZHONG F. Machinery investment decision and off-farm employment in rural China[J]. China Economic Review,2012,23(1):71-80.

[223] JIN S,DEININGER K. Land rental markets in the process of rural structural transformation:productivity and equity impacts from China[J]. Journal of Comparative Economics,2009,37(4):629-646.

[224] JIN S,JAYNE T S. Land rental markets in Kenya:implications for efficiency,equity,household income,and poverty[J]. Land Economics,2013,89(2):246-271.

[225] JUDE W,IAN W. Building land markets[J]. Land Use Policy,2006,23(2): 123-135.

[226] KIJIMA Y,TABETANDO R. Efficiency and equity of rural land markets and the impact on income:evidence in Kenya and Uganda from 2003 to 2015[J]. Land Use Policy,2020,91:104416.

[227] KOCHAR A. Does lack of access to formal credit constrain agricultural production:evidence from the land tenancy market in rural India[J]. American Journal of Agricultural Economics,1997,79(3):754-763.

[228] KUNG J K. Off-farm labor markets and the emergence of land rental markets in rural China[J]. Journal of Comparative Economics,2002,30(2):395-414.

[229] KUNG J K. Off-farm labor markets and the emergence of land rental markets in rural China[J]. Journal of Comparative Economics,2002,30(2):395-414.

[230] LAKHAN G R,CHANNA S A,MAGSI H,et al. Credit constraints and rural farmers' welfare in an agrarian economy[J]. Heliyon,2020,6(10):e05252.

[231] LAMB R L. Inverse productivity:land quality,labor markets,and measurement er-

ror[J]. Journal of Development Economics,2003,71(1):71-95.

[232] LI C,MA W,MISHRA A K,et al. Access to credit and farmland rental market participation: evidence from rural China [J]. China Economic Review, 2020, 63:101523.

[233] LI M,SICULAR T. Aging of the labor force and technical efficiency in crop production evidence from Liaoning Province,China[J]. China Agricultural Economic Review,2013,5(3):342-359.

[234] LI T,YU W,Baležentis T,et al. Rural demographic change,rising wages and the restructuring of Chinese agriculture[J]. China Agricultural Economic Review, 2017,9(4):478-503.

[235] LI X,LIU J,HUO X. Impacts of tenure security and market-oriented allocation of farmland on agricultural productivity: evidence from China's apple growers[J]. Land Use Policy,2021,102:105233.

[236] Lin J Y. Rural reforms and agricultural growth in China[J]. The American Economic Review,1992:34-51.

[237] LIU Y,YAN B,WANG Y,et al. Will land transfer always increase technical efficiency in China:a land cost perspective[J]. Land Use Policy,2019,82:414-421.

[238] MA W,RENWICK A,GRAFTON Q. Farm machinery use,off-farm employment and farm performance in China[J]. Australian Journal of Agricultural and Resource Economics,2018,62(2):279-298.

[239] MANJUNATHA A V,ANIK A R,SPEELMAN S,et al. Impact of land fragmentation,farm size,land ownership and crop diversity on profit and efficiency of irrigated farms in India[J]. Land Use Policy,2013,31:397-405.

[240] MATHENGE M K,SMALE M,TSCHIRLEY D. Off-farm employment and input intensification among smallholder maize farmers in Kenya[J]. Journal of Agricultural Economics,2015,66(2):519-536.

[241] QIU T,CHOY S T B,LUO B. Is small beautiful:links between agricultural mechanization services and the productivity of different-sized farms[J]. Applied Economics,2022,54(4):430-442.

[242] REMESAN R,ROOPESH M S,REMYA N,et al. Wet land paddy weeding:a comprehensive comparative study from south India[J]. International Commission of Agricultural Engineering,2007(5):1-21.

[243] SEN A K. Peasants and dualism with or without surplus labor[J]. Journal of Po-

litical Economy,1966,74(5):425-450.

[244] SEN A. An aspect of Indian agriculture[J]. Economic Weekly,1962(14):243-246.

[245] SOLOW R M. A contribution to the theory of economic growth[J]. The Quarterly Journal of Economics,1956,70(1):65-94.

[246] STIGLITZ J E,WEISS A. Credit rationing in markets with imperfect information [J]. The American Economic Review,1981,71(3):393-410.

[247] SU B,LI Y,Li L,et al. How does nonfarm employment stability influence farmers' farmland transfer decisions:implications for China's land use policy[J]. Land Use Policy,2018,74:66-72.

[248] TANG L,MA X,ZHOU Y,et al. Social relations,public interventions and land rent deviation:evidence from Jiangsu Province in China[J]. Land Use Policy,2019, 86:406-420.

[249] WINEMAN A,JAYNE T S. Factor market activity and the inverse farm size-productivity relationship in Tanzania[J]. The Journal of Development Studies,2021, 57(3):443-464.

[250] YUAN S,WANG J. Involution effect:does China's rural land transfer market still have efficiency? [J]. Land,2022,11(5):704.

[251] ZHANG J,MISHRA A K,ZHU P,et al. Land rental market and agricultural labor productivity in rural China:a mediation analysis[J]. World Development,2020, 135:105089.

[252] ZHANG L,TAN S,LIU C,et al. Influence of labor transfer on farmland sustainable development:a regional comparison of plain and hilly areas[J]. Quality & Quantity,2018,52(1):431-443.

[253] ZHANG Q F,QINGGUO M,XU X. Development of land rental markets in rural Zhejiang:growth of off-farm jobs and institution building[J]. The China Quarterly, 2004,180:1031-1049.

[254] ZHANG X,YANG J,WANG S. China has reached the Lewis turning point[J]. China Economic Review,2011,22(4):542-554.

[255] ZHAO Q,BAO H X H,ZHANG Z. Off-farm employment and agricultural land use efficiency in China[J]. Land Use Policy,2021,101:105097.

后 记

我较早就对农地流转与市场有效性这个研究方向感兴趣，在我的博士生导师王健副教授的指导下，经过五年的时间，我完成了这项课题的研究，并形成了本书的初稿。初稿是我和导师深入乡村调研获得了许多一手资料后，经过与导师多次讨论、反复修改而形成的。在这项课题的研究过程中，我的认识是循序渐进的。最初，我设想这项课题研究可能要填补农村土地经营权流转相关研究的空白，并沾沾自喜，但是在写作的过程中，又发现自己还有许多知识盲点。在“补习”了土地经济学、土地管理学的相关基础理论，阅读了大量农村土地经营权流转的相关文献，访谈了许多参与流转的农业经营主体后，我的写作也渐渐得心应手。在完成的那一刻，我又发现自己其实是刚刚入门。农村土地经营权流转问题是一个复杂庞大的课题，而我只是对这项课题中的“要素市场关联”这一切入点进行了研究。幸运的是，我正在进行博士后的研究工作，还可以继续填补自己在相关知识上的漏洞，思考其中未解决的问题。这本书是我和王健副教授对农村土地经营权流转研究的一些积累和感悟，希望这本书可以为读者带来关于农村土地经营权流转的一些启发与思考。

出版社编辑为本书的出版做了非常细致、认真和专业的工作，尤其为本书文字表述的完善做了许多卓有成效的工作，在此表示感谢！

袁士超

2023年10月于北京